CAMINHANDO CONTRA O VENTO

EMERSON DE ALMEIDA

CAMINHANDO CONTRA O VENTO

VOCÊ É EMPREENDEDOR, MAS PODE NÃO SABER

ALTA BOOKS
GRUPO EDITORIAL
Rio de Janeiro, 2023

Caminhando Contra o Vento

Copyright © 2023 da Starlin Alta Editora e Consultoria Eireli.
ISBN: 978-85-508-2041-5

Impresso no Brasil — 1ª Edição, 2023 — Edição revisada conforme o Acordo Ortográfico da Língua Portuguesa de 2009.

Todos os direitos estão reservados e protegidos por Lei. Nenhuma parte deste livro, sem autorização prévia por escrito da editora, poderá ser reproduzida ou transmitida. A violação dos Direitos Autorais é crime estabelecido na Lei nº 9.610/98 e com punição de acordo com o artigo 184 do Código Penal.

A editora não se responsabiliza pelo conteúdo da obra, formulada exclusivamente pelo(s) autor(es).

Marcas Registradas: Todos os termos mencionados e reconhecidos como Marca Registrada e/ou Comercial são de responsabilidade de seus proprietários. A editora informa não estar associada a nenhum produto e/ou fornecedor apresentado no livro.

Erratas e arquivos de apoio: No site da editora relatamos, com a devida correção, qualquer erro encontrado em nossos livros, bem como disponibilizamos arquivos de apoio se aplicáveis à obra em questão.

Acesse o site **www.altabooks.com.br** e procure pelo título do livro desejado para ter acesso às erratas, aos arquivos de apoio e/ou a outros conteúdos aplicáveis à obra.

Suporte Técnico: A obra é comercializada na forma em que está, sem direito a suporte técnico ou orientação pessoal/exclusiva ao leitor.

A editora não se responsabiliza pela manutenção, atualização e idioma dos sites referidos pelos autores nesta obra.

Dados Internacionais de Catalogação na Publicação (CIP) de acordo com ISBD

A447c   Almeida, Emerson de
         Caminhando Contra o Vento: você é empreendedor, mas pode não saber / Emerson de Almeida. - Rio de Janeiro : Alta Books, 2023.
         176 p. ; 15,7cm x 23cm.

         Inclui bibliografia e índice.
         ISBN: 978-85-508-2041-5

         1. Empreendedorismo. 2. Empreendedor. I. Título.

                                                      CDD 658.421
2023-482   CDU 65.011

Elaborado por Vagner Rodolfo da Silva - CRB-8/9410

Índice para catálogo sistemático:
1. Empreendedorismo 658.421
2. Empreendedorismo 65.011

Produção Editorial
Grupo Editorial Alta Books

Diretor Editorial
Anderson Vieira
anderson.vieira@altabooks.com.br

Editor
José Ruggeri
j.ruggeri@altabooks.com.br

Gerência Comercial
Claudio Lima
claudio@altabooks.com.br

Gerência Marketing
Andréa Guatiello
andrea@altabooks.com.br

Coordenação Comercial
Thiago Biaggi

Coordenação de Eventos
Viviane Paiva
comercial@altabooks.com.br

Coordenação ADM/Finc.
Solange Souza

Coordenação Logística
Waldir Rodrigues

Gestão de Pessoas
Jairo Araújo

Direitos Autorais
Raquel Porto
rights@altabooks.com.br

Assistente da Obra
Ana Clara Tambasco

Produtores Editoriais
Illysabelle Trajano
Maria de Lourdes Borges
Paulo Gomes
Thales Silva
Thiê Alves

Equipe Comercial
Adenir Gomes
Ana Claudia Lima
Andrea Riccelli
Daiana Costa
Everson Sete
Kaique Luiz
Luana Santos
Maira Conceição
Nathasha Sales
Pablo Frazão

Equipe Editorial
Andreza Moraes
Beatriz de Assis
Beatriz Frohe
Betânia Santos
Brenda Rodrigues

Caroline David
Erick Brandão
Elton Manhães
Gabriela Paiva
Gabriela Nataly
Henrique Waldez
Isabella Gibara
Karolayne Alves
Kelry Oliveira
Lorrahn Candido
Luana Maura
Marcelli Ferreira
Mariana Portugal
Marlon Souza
Matheus Mello
Milena Soares
Patricia Silvestre
Viviane Corrêa
Yasmin Sayonara

Marketing Editorial
Amanda Mucci
Ana Paula Ferreira
Beatriz Martins
Ellen Nascimento
Livia Carvalho
Guilherme Nunes
Thiago Brito

Atuaram na edição desta obra:

Revisão Gramatical
Thamiris Leiroza
Fernanda Lutfi

Colaboração
Osias Ribeiro Neves

Diagramação
Joyce Matos

Capa
Cesar Godoy

Ilustrador
Marquinhos Toledo

Editora afiliada à: ASSOCIADO

Rua Viúva Cláudio, 291 — Bairro Industrial do Jacaré
CEP: 20.970-031 — Rio de Janeiro (RJ)
Tels.: (21) 3278-8069 / 3278-8419
www.altabooks.com.br — altabooks@altabooks.com.br
Ouvidoria: ouvidoria@altabooks.com.br

Sobre o Autor

Emerson de Almeida é cofundador e presidente da Diretoria Estatutária da Fundação Dom Cabral (FDC), da qual foi presidente executivo por 35 anos. Na sua gestão, a escola de negócios criou **alianças** internacionais e **parcerias** com empresas de médio e de grande porte, obteve a 5ª posição no ranking do *Financial Times* entre as escolas que participam da avaliação, e registrou o maior superavit da sua história.

Fundou o Conselho Consultivo Internacional da FDC e participou de similar instância na Guanghua School of Management da Peking University. Recebeu por três vezes a Medalha da Inconfidência, a mais alta honraria do governo do Estado de Minas Gerais.

Em 2020, liderou a criação do FDC — Centro Social Cardeal Dom Serafim, instituído com objetivo de dar potência à atuação social da FDC por meio de programas e ações de educação e de capacitação destinados ao desenvolvimento da base social do país.

É casado com Nilda; pai de Ado Lúcio, Ana Carolina e André Almeida; e avô de Arthur, Henrique e Eduardo. Autor de três livros, é torcedor do América, decacampeão mineiro, e produtor do vinho *Gracias a la Vida* em Mendoza/Argentina.

Agradecimentos

Como nos livros anteriores, fui apoiado por colegas para descrever a labuta de pessoas de origem humilde, a maioria sem estudo, que decidiram encarar a adversidade, criaram seus negócios e se tornaram independentes do poder público e de terceiros. Do Sul ao Norte do país, eles comprovaram que o empenho e a disposição para trabalhar, sendo comedidos com o dinheiro, transformaram suas iniciativas em empresas de destaque.

Sou grato a Cláudia Botelho, Mozart Santos, Nádia Rampi e Samir Vaz que me auxiliaram durante todo o trajeto; e também a Ana Burcharth, Luiza Fagundes, Paulo Emílio Carreiro, Sônia Diegues e Valdemar Barros. A identificação e a garimpagem dos casos aqui relatados tornaram possível a tessitura deste livro. Agradeço ao empenho dos Associados Regionais da Fundação Dom Cabral — Fábio Guarnieri, Gilmar Mendes, Luis Rosas, Raquel Schürmann e Fundação Fritz Müller, Reinaldo Cafeo, Valdemar Barros, Vinicius Ribeiro e Volnei Garcia.

Apropriei-me do trabalho de quem começou do zero e em boa parte transformou seu negócio em referência na sua área e/ou na sua região. Cito em especial a dona Helena, filha de uma mãe de nove filhos que vivia de rachar lenha no interior de Minas Gerais e deu o empurrão para que a filha se tornasse doméstica e depois dona de um negócio próprio em Belo Horizonte. Menciono seu caso não apenas por seu aguçado senso de empresária, mas especialmente porque seu negócio é na Feira dos Produtores de Belo Horizonte — onde comecei a trabalhar aos 10 anos, ajudando meu pai em sua barraca de artigos gerais.

Ao esboçar este livro, fui aconselhado por Cláudia Botelho a registrar a minha trajetória e ao escrevê-la me veio à mente a visita, anos atrás, do professor canadense, da região de língua francesa, Louis Jacques Filion, especialista em empreendedorismo, acompanhado pelo escritor e consultor Fernando Dolabela, que manifestaram interesse em registrar a minha trajetória comparada com a história de outras pessoas de diversos países. Tempos depois, foi lançado o livro intitulado *Oser Intraprendre — Ces champions qui font progresser les organisations et les sociétés: douze modèles exemplaires* (Tradução livre: Ousar Empreender — Campeões que estimulam o progresso de organizações e de sociedades: doze modelos exemplares). Ao relembrar esse episódio, concluí que meu relato seria pertinente ao propósito deste livro.

Finalmente, cito meu carinhoso agradecimento à minha ex-secretária, Cândida Cunha — hoje responsável pelo Escritório de Governança, Risco e Conformidade da FDC —, pela precisão, empenho, aconselhamento e apoio sem os quais não teria completado este livro.

Prefácio

O convite do professor Emerson para que eu escrevesse o prefácio do livro *Caminhando Contra o Vento — Você É Empreendedor, Mas Pode Não Saber* alegrou meu coração ao mesmo tempo que me deixou emocionada e admirada por ter sido escolhida.

Apesar da história do Grupo Sabin com a Fundação Dom Cabral ter começado em 2004, em um evento de saúde em Recife (PE), e ter rendido bons frutos, como o PAEX — no qual aprendemos a agir certo e na velocidade certa, e a construir um ambiente de aprendizado, de melhoria contínua, de alta performance e de excelência —, vi-me fazendo a seguinte pergunta: por que eu entre tantas pessoas que o admiram?

Ao ler o primeiro capítulo, tudo ficou mais claro. Nas primeiras linhas, identifiquei-me com a personagem de 11 anos que saiu da roça para realizar seu sonho.

Eu já fui essa menina.

Aprendi as primeiras lições de empreendedorismo da minha vida com meu pai no alpendre da fazenda. E, com a mesma idade de Helena, uma das personagens do livro, deixei a vida no campo para continuar os estudos e sonhar com meu próprio negócio.

Por meio de um texto envolvente e recheado de histórias de personagens reais, o professor Emerson passeia por todo o Brasil para nos mostrar o que leva as pessoas a empreender em diferentes atividades comerciais ou mesmo no empreendedorismo social.

Os exemplos apresentados pelo professor Emerson certamente vão impactar tanto quem já experimentou quanto quem ainda sonha em abrir o próprio negócio. Como bom acadêmico, o presidente-executivo da Fundação Dom Cabral, por 35 anos, conduz as palavras com maestria e prende a atenção do leitor, enquanto narra fatos reais da vida de empresários entrelaçados por lições de empreendedorismo.

As próximas páginas serão de muita aprendizagem, emoção e reflexão com histórias de líderes de sucesso garimpadas pelo autor do Norte ao Sul do país. O que há em comum entre elas? O sonho de empreender. Apesar das adversidades, essas pessoas tiveram perseverança, humildade, criatividade, coragem e desejo de transformar a sua realidade e a de quem está à sua volta. E o mais encantador é ver que a vulnerabilidade social não impede ninguém de sonhar e de ter forças para buscar a realização.

Tire seus sonhos da gaveta e se deixe envolver com cada preciosa história.

Boa leitura!

Janete Ana Ribeiro Vaz

Cofundadora e presidente do Conselho
de Administração do Grupo Sabin

Membro do Conselho Curador
da Fundação Dom Cabral

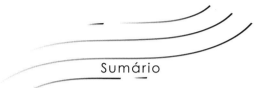

Sumário

Apresentação — *xiii*

Capítulo 1
De Ambulante A Empreendedor — 1

Capítulo 2
O Maior Risco É Não Arriscar — 19

Capítulo 3
Desejo: Andar Devagar Ou Apressado? — 33

Capítulo 4
Cultura: Com O Que Sonha O Brasileiro? — 47

Capítulo 5
Comunidades Germinam Empreendedorismo — 59

Capítulo 6
Dignidade Na Desigualdade — 73

Capítulo 7
Estímulos E Desestímulos   89

Capítulo 8
Inclusão Digital Para Empreender   101

Capítulo 9
Despertar De Uma Potência Abandonada   113

Capítulo 10
Opção Pelo Empreendedor De Baixa Renda   125

Epílogo   *141*
Nota   *147*
Índice   *155*

Apresentação

Imagine, leitor, se uma menina de 11 anos, que saiu da roça para escapar da sina de ganhar a vida rachando lenha como a mãe, uma viúva com nove filhos, pudesse ser hoje dona de um negócio próprio, com carro, casa própria e filho formado em escola técnica, depois de trabalhar como empregada doméstica e balconista de loja na cidade grande durante trinta anos.

Dotada de algumas das características próprias das pessoas empreendedoras, essa é a epopeia de Helena de Souza, da Helena Biscoitos, uma das personagens deste livro, proprietária de uma barraca de venda de biscoitos e uma das mais populares empreendedoras da Feira dos Produtores de Belo Horizonte.

Assim como ela, outras pessoas de origem modesta podem dar partida ao negócio próprio e se tornar empresárias por necessidade, escapando do desemprego. A fim de que a iniciativa dê certo, é preciso empenho, dedicação e disposição para recomeçar, trabalhando, às vezes, até altas horas da noite e, frequentemente, sacrificando o lazer ou o descanso do fim de semana.

Sabemos, pela prática de professores e pelas pesquisas de estudiosos, que, nos primeiros anos de vida, o cérebro da criança, ainda em formação, funciona como uma esponja, absorvendo experiências que influenciarão seus sentidos e poderão pautar seu futuro. Na pobreza, sem condições de receber o empurrão na hora certa, os filhos tendem a crescer em desvantagem. No Brasil, a fragilidade do tecido social de milhões de famílias cria dificuldades para que as pessoas se lancem no mercado — mas não se constitui em impossibilidade. Os casos que pesquisamos demonstram que os pais, os amigos e as circunstâncias podem incutir na mente dos iniciantes a chama de vencer por esforço próprio.

É o caso, por exemplo, da Silviane, natural de Choró, no Ceará, proprietária da Silvia Ótica, com lojas em Fortaleza e na sua cidade natal. Filha de pais analfabetos até a idade de menina-moça, fazia o trajeto do açude até sua casa com uma lata d'água na cabeça para que a família tivesse o que beber e do que se alimentar. Apesar de iletrada, a mãe sempre incutiu na filha o desejo de vencer. Mais tarde, acolhida por uma tia em Fortaleza, ela pavimentou o caminho para criar seu negócio, com incentivo do marido.

Paulo Francis, jornalista conhecido por sua ironia, dizia que o sonho do brasileiro é ter emprego público com direito a meio expediente e tempo para ir à praia e ao botequim.

Recentemente, o Papa Francisco, abordado com o pedido para abençoar os brasileiros, reagiu de maneira espontânea e em tom de caçoada: "Vocês não têm salvação! É muita cachaça e pouca oração!" A sátira do jornalista e a brincadeira do Papa representam o jeito de ser da nossa gente?

João Camilo Penna, ex-ministro da Indústria e Comércio, sem intenção de ofender a categoria dos agentes da lei, fazia uma alusão mais severa: "País em que delegado de polícia ganha mais do que diretora de escola não tem futuro." O gracejo do jornalista, a brincadeira do Papa e a comparação do ex-ministro teriam a ver com a cultura predominante no país?

Como veremos, é unânime entre os especialistas a crença de que a cultura é o elemento essencial para determinar a capacidade empreendedora de um povo — e a cultura é uma forma das pessoas trabalharem juntas e que foi seguida por tanto tempo que elas não pensam em fazer de outra maneira.

A cultura e a qualidade das instituições são elementos essenciais na definição da capacidade empreendedora de um povo. Se as conclusões das pesquisas do Banco Mundial e da Babson College sobre o ambiente institucional de uma centena de nações fossem comparadas com a Copa do Mundo de Futebol, o país seria aquele da goleada no Mineirão, em que o Brasil perdeu de 7 a 1 contra a Alemanha.

Não sendo um país uniforme, existem regiões que se mostram mais empreendedoras do que outras — o estado de São Paulo tem cinco das dez cidades nas quais os negócios prosperam com mais vigor no país. O desenvolvimento dos negócios e de uma região está ligado à qualidade da rede social, como veremos na comparação entre o Norte e o Sul da Itália e entre os Estados Unidos e o México. "O empreendedorismo não se dá de forma isolada, ele é um projeto de uma comunidade como um todo, pois depende das redes sociais. Logo, é um fenômeno de contágio social, que se propaga por meio de rede",[1] concluiu Fernando Dolabela, o mais fértil autor brasileiro sobre o assunto.

É do ser humano o desejo que se manifesta na vontade de querer e escolher algo de forma inconsciente. Alguns querem e gostam de ser empregados ou servidores públicos, seja por vocação, seja por busca de estabilidade. Outros preferem se aventurar por uma vereda desconhecida, em busca de um sonho de realizar algo grandioso.

Como Helena de Souza, da Helena Biscoitos, comecei minha vida na mesma Feira de Produtores, com pouco mais de 10 anos. Ajudei meu pai em sua barraca por um bom tempo, até que, motivado por meu irmão mais velho, tornei-me camelô vendendo bugigangas na própria feira. Fui um estudante medíocre, mais inclinado a traquinagens que me valeram surras aplicadas por meu pai. Um pouco mais curtido pela vida, consegui emprego aos 17 anos como office boy no escritório de uma empresa alemã, onde aproveitava as horas vagas para datilografar o meu sonho grandioso de construir aviões e navios que exibiriam a bandeira do Brasil pelo mundo. Não realizei esse sonho, mas o caminho que percorri me levou, por intuição, a criar a Fundação Dom Cabral e dirigi-la por mais de 35 anos, tornando-a reconhecida como uma das melhores escolas de gestão do mundo.

Com estilo mais jornalístico do que acadêmico, relato neste livro minha vivência e conto casos colhidos em várias regiões do país pelos associados da FDC e por colegas de trabalho. Como nos meus outros livros, não o escrevi sozinho. Tive o apoio de parceiros que me apoiaram nas reflexões que o leitor encontrará a seguir.

Boa leitura!

De Ambulante A Empreendedor

Era dia de festa, com direito ao burburinho e à ansiedade naturais que costumam anteceder a chegada dos convidados. De repente, o improvisado portão de madeira se abriu e por ele entraram meu avô e outros familiares, a tempo de ver o neto com o martelo na mão quebrando a soleira da porta de entrada da casa de poucos cômodos.

A cena que se seguiu, e que ficou gravada em minha memória, não foi a do bolo de aniversário nem a do tradicional *Parabéns pra você!* por ocasião da comemoração dos meus 4 anos. Assustado, vi meu pai dar passos em minha direção e, com o tom da voz alterado, repreender-me na frente do meu avô e dos poucos convidados. Não me recordo de castigo físico, mas o dolorido da reprimenda se impregnou nas profundezas do meu subconsciente em formação.

Décadas depois, durante a solenidade de inauguração do campus da Fundação Dom Cabral em 2001, seu efeito se revelou por completo. Do palco principal, ao lado do Presidente da República e de outras personalidades, vislumbrei no auditório a figura querida do meu pai. Veio-me, então, um pensamento revelador, como se perguntasse a ele: "Está vendo, meu pai? Também mereço reconhecimento e elogio, não apenas repreensão."

Compreendi, então, que aquela atitude repressiva gerou uma energia interna que me impulsionou a fazer coisas fora do comum para impressionar meu pai, figura central na minha vida. Acredito que seu caráter austero, associado à sua atitude contida, que não permitiam afagos nem elogios, acabaram me estimulando a fazer coisas que ele reconhecesse.

Desconfio que aquele episódio foi fundamental para forjar minha veia empreendedora. Criar a Fundação Dom Cabral (FDC) em 1976, a partir do zero, praticamente sem professor, e liderar sua equipe por 35 anos, a ponto de torná-la reconhecida pelo ranking do *Financial Times* como uma das melhores escolas de gestão do mundo entre aquelas que se inscrevem para participar, talvez tenha sido a expressão mais significativa desse desejo inconsciente.

Entre as escolas listadas no ranking do jornal inglês, estão — ou já estiveram — instituições como Harvard, MIT, Stanford, Columbia, Kellogg, Insead, Groupe HEC, IESE, Oxford e London Business School,[1] fundadas e dirigidas por pessoas de berço nobre e de formação aprofundada, tendo cada uma dessas escolas mais de duzentos professores doutores e pós-doutores que têm influenciado grande parte da nata do empresariado dos países desenvolvidos.

É de pressupor que uma instituição como a FDC fosse idealizada por alguém de origem culta, de família abastada, com sólida formação acadêmica, conhecimento em gestão e respeitável experiência profissional. O leitor, entretanto, se surpreenderá com a narrativa diversa ao se deparar com a minha origem familiar, vivência na adolescência, evolução escolar e experiência profissional muito diferentes daquelas que pressupõe requisitos que levassem à frente iniciativa próxima às dessas centenárias instituições norte-americanas e europeias.

O propósito deste livro tem por base a narrativa da minha experiência e da experiência de outros empreendedores, de forma a demonstrar que qualquer pessoa, dotada de certas características, pode iniciar um negócio que lhe dê sustento familiar, liberando-a da dependência direta do Estado ou de terceiros, gerando autonomia e autoestima. Muitas vezes, a situação de vulnerabilidade social é uma barreira a ser vencida, não um impedimento definitivo, conforme demonstram vários casos pesquisados para esta obra.

Algumas dessas pessoas, em diferentes regiões brasileiras, imaginaram e criaram, a partir do quase nada, empreendimentos que, com empenho e tempo, geraram impacto na sociedade e no desenvolvimento do país. Um dos exemplos é o daquele garoto que, aos 14 anos, trabalhava como camelô na avenida Rio Branco, na cidade do Rio de Janeiro, vendendo canetas e carteirinhas plásticas para guardar documentos. Tornou-se frequentador do auditório da Rádio Nacional e, pouco tempo depois, passou a ir à Rádio Mauá, onde ingressou por insistência, passando a trabalhar naquela emissora aos domingos sem nenhuma remuneração. Mais tarde, transferiu-se para a rádio Tupi e alçou voo como locutor, utilizando-se da sua voz como ferramenta, associada à sua boa articulação comercial e aos relacionamentos que foi costurando ao longo da caminhada para concretizar seu sonho. Tornou-se um comunicador conhecido e construiu, ao longo dos anos, o grupo que leva o seu nome, Silvio Santos, formado por 38 empresas.

Primeiros Passos

Além de predicados que vêm conosco ao nascer, as vivências da infância e da adolescência parecem exercer forte influência na definição dos traços de personalidade, sentimentos e comportamento. A repressão pública na infância, que mobilizou minha energia para realizar proezas em busca de reconhecimento do meu pai, foi, talvez, a influência mais marcante na minha prontidão realizadora, mas não é o único registro nas minhas lembranças.

Nasci na plataforma da estação ferroviária de Mateus Leme, no estado de Minas Gerais, no imóvel destinado ao meu pai, então responsável pela estação. Sou o segundo filho de pai e mãe católicos que só completaram o curso primário. Inconformado por ter sido transferido para uma estação isolada, meu pai demitiu-se da ferrovia. A família passou a viver da renda escassa de um pequeno bar-mercearia montado por minha mãe. Sem perspectiva de renda suficiente, meu pai deu início a uma interminável labuta em busca de sustento para a família, transferindo-nos inicialmente para a cidade vizinha, Itaúna, onde foi trabalhar em uma indústria. Por falência da empresa, retornamos a Mateus Leme, quando ele passou a explorar um sítio afastado da cidade, produzindo laranjas, alho e uvas para fabricar vinho de modo pioneiro.

Como a renda ainda era insuficiente, meu pai partiu para uma nova tentativa: montou uma fábrica de doces de leite com a marca Imperial. A técnica e o vasilhame de produção eram simples, mas a máquina de embalagem das latas e o seu fechamento eram uma solução refinada de vedação da tampa que chamava a atenção de todos que visitavam a fábrica. Até hoje me pergunto como e onde meu pai teve a ideia daquela inovação.

O resultado financeiro, promissor no início, frustrou a expectativa de meus pais, levando-os a uma alternativa mais radical: nossa mudança para Belo Horizonte.

Raízes do Empreendedorismo

Nos últimos anos, fui aprendendo que a índole empreendedora das pessoas decorre de experiências individuais vividas especialmente na infância. Cada um tem uma história própria e única. Para efeito didático, os estudiosos costumam associar inovação, criatividade, perseverança, iniciativa e outros predicados ao espírito empreendedor. Àquela altura, esses predicados e a persistente labuta de meu pai não passavam despercebidos da criança que eu era e certamente tiveram influência determinante no meu comportamento e na minha interação social futura.

Com apoio de um conterrâneo, meu pai conseguiu licença para montar uma barraca na Feira dos Produtores, uma espécie de mercado de pequeno porte, na região da Lagoinha, dando início a um período de estabilidade, embora com ganhos parcos. Ao longo do tempo, com o apoio direto da minha mãe, foi incansável no esforço de complementar a renda com iniciativas paralelas. Uma delas foi a instalação de uma barraca na avenida Afonso Pena durante o carnaval para vender balões, máscaras, confetes e serpentinas aos foliões.

Em alguns fins de semana, meu pai voltava a Mateus Leme para colher abacates que havia plantado no terreno da minha avó e vendê-los. Era um meio de ampará-la e à própria família. Esse quase interminável esforço continuou mesmo quando conseguiu se aposentar, tendo por garantia uma renda fixa mensal. Sua iniciativa de então foi a compra de letras do Tesouro Nacional em vias públicas para revendê-las a uma corretora na época em que essa atividade se transformou em um atrativo no mercado. De todas as tentativas de sustento, tenho a convicção de que essa foi a mais promissora. Parte do ganho foi destinada à abertura e ao crédito mensal na caderneta de poupança para todos os netos, e também à compra de um pequeno apartamento para minha tia, que até então morava em nossa companhia.

Meus Tempos de Criança

Ao falar da minha infância, lembrei-me do inspirado compositor Ataulfo Alves e da sua canção *Meus Tempos de Criança*: "Eu daria tudo que tivesse/ pra voltar aos dias de criança/ Eu não sei pra que que a gente cresce/ Se não sai da gente essa lembrança."

Entre os 9 e 10 anos, fui matriculado no grupo escolar. Chegava da escola, almoçava e levava a marmita do almoço para meu pai na Feira, onde ficava, em companhia dele e dos meus irmãos, ajudando na arrumação e na venda de uma miscelânea de produtos. A rotina se repetia todos os dias do ano, inclusive nos fins de semana, à exceção da Sexta-feira da Paixão, por questão religiosa.

Aos sábados, saíamos de madrugada empurrando carrinhos de madeira com rodas recobertas por tiras de pneu usado para comprar mercadorias nos caminhões que vinham do interior e estacionavam nas cercanias do Mercado Central. Aos domingos à tarde, em dia de jogo de futebol, vendíamos chapéus de palha aos torcedores nos arredores do Estádio Independência. No intervalo do jogo, chegava a melhor hora: escondíamos os chapéus restantes em um matagal e aproveitávamos para assistir ao jogo sem ter que pagar as entradas.

Aos 14 anos, com dinheiro cedido por meu irmão mais velho Geraldo, montei um negócio próprio de vendedor ambulante; com um tabuleiro improvisado de madeira, passei a vender miudezas para os frequentadores da feira — pentes, redes femininas de cabelo, grampos, travessas, lâminas de barbear e outros artigos —, com o "grito de guerra" que ele me ensinou: "É um e cinquenta o pente e dois cruzeiros a rede!"[2] A lembrança longínqua é de que as freguesas mais confiáveis e que me tratavam com mais carinho eram as prostitutas da rua Mauá, região contígua à feira. Nunca deixaram de pagar o que era vendido em confiança.

Traquinagens e Travessuras

Por um bom tempo, continuei ajudando meu pai na barraca, porém mais empenhado em traquinagens do que no trabalho. Fui um estudante insubordinado e de aproveitamento sofrível. Depois de concluir o primário em escola pública, meus pais se esforçaram para me proporcionar um futuro melhor, matriculando-me no

Colégio Anchieta, escola particular e bem-conceituada. Esforço em vão: no primeiro ano, fui punido com quatro suspensões. A reprovação foi prenúncio de dificuldades que me fizeram abandonar o colégio, dando início a um périplo por escolas sem grande expressão e exigências, o que facilitava a minha aprovação.

Imagino que, aos olhos do leitor orientado pela lógica rigorosa, meu passado de criança buliçosa e de estudante medíocre não oferecia crédito para um futuro promissor. Olhando para o passado, eu mesmo não conseguiria desvendar o quase mistério da minha caminhada na direção de criar uma organização de projeção internacional. Hoje, porém, percebo que o exemplo de resiliência e de outros predicados de meu pai, o aprendizado comercial na feira e a influência da religião foram criando o alicerce para o meu futuro.

De Negócios e Sonhos

Continuei na feira até os 17 anos, quando minha tia, que morava em nossa companhia, conseguiu-me um emprego que abriu nova perspectiva na minha trajetória. A empresa era expressiva, uma importadora de peças de carros alemães, e minha função modesta, de office boy. Sair de um mercado popular e passar a vivenciar o ambiente sofisticado do escritório de uma multinacional abriu minha mente para sonhos quase impossíveis e, com o tempo, fui descobrindo que o possível a pessoa faz na hora, e o impossível só demora um pouco mais.

Helena Biscoitos

De balconista à empreendedora.

Saí da Feira dos Produtores e Helena de Souza entrou tempos depois para trabalhar como balconista em um dos estabelecimentos.

Aos 11 anos de idade, a menina Helena deixou a pequena cidade de Sem-Peixe, a 180km de Belo Horizonte, para trabalhar em uma casa de família na capital com um propósito definido: escapar da sina de ganhar a vida rachando lenha como a mãe, uma viúva com nove filhos, de quem sempre recebeu estímulo: "Vá em busca de dias melhores; se não der certo, volte, que o lugar é seu."[3]

Aos 18 anos, ela arrumou emprego em um sacolão e, por duas décadas, trabalhou na feira e em outros locais, cativando clientes em lojas de artigos de festas e em outros ramos, sempre com uma obstinada orientação: guardar dinheiro para quando surgisse uma oportunidade. E ela apareceu. Helena tornou-se dona do próprio negócio, que denominou Helena Biscoitos. Possui carro e casa própria e está encaminhando o filho nos estudos, com um diferencial: fluência em inglês.

Uma brincadeira feita com a dona de uma barraca — "Se você quiser passar seu ponto, eu fico com ele!" — foi o início de tudo. O rapaz que havia alugado o ponto estava insatisfeito com o lucro do negócio e procurou Helena, propondo que comprasse as suas mercadorias e assumisse o valor do aluguel. Ela ficou com receio, porém, depois de refletir sobre a longa experiência que tinha no comércio, resolveu arriscar. A economia feita ao longo dos anos serviu de empurrão, e Helena, de empregada, virou dona de negócio.

A decisão não foi abrupta, pois ela vinha aprendendo com os patrões há muitos anos, desde o emprego na casa de família, no qual aprendeu a falar "um português bacana". Helena sempre se entregou de corpo e alma ao apoio aos patrões e à lida com os clientes. O dono de uma barraca, onde trabalhou por três anos, hoje seu vizinho, passava por um problema. Tinha capacidade, a loja era grande, mas só comercializava um produto. Conversaram e concluíram que ele tinha poder de compra e ela, poder de venda. Resultado: em seis meses, Helena pôs a barraca para crescer. Se ela não tivesse potencial e não se esforçasse, provavelmente não teria progredido tanto.

Cafuné e Preço Baixo

Quais foram as atitudes e o modo de agir típicos do empreendedor que levaram dona Helena a evoluir de empregada doméstica à dona de negócio?

- Cativar e dar atenção ao cliente.
- Gostar do que faz e gostar de gente.
- Comprar barato para ter preço baixo.
- Vender alegria, bom humor e amor; e não simplesmente um produto.
- Fazer diferente, pois em cada esquina tem gente vendendo biscoito.
- Não misturar dinheiro próprio com o dinheiro do negócio.
- Trabalhar, trabalhar e trabalhar.

Esses predicados podem servir de orientação para os candidatos a donos do próprio "nariz". Helena não cursou Administração de Empresas, mas sabe administrar, comprar e vender produtos de qualidade com preços competitivos para os clientes.

Peter Drucker, o mago da gestão moderna, costumava dizer que o freguês é o personagem mais importante da empresa. De maneira intuitiva, Helena segue à risca esse ensinamento e briga pelo cliente. Quando o fornecedor aumenta muito o preço, ela negocia para não prejudicar o consumidor final. Trabalhando com comércio desde os 18 anos, gosta do que faz e acredita que "comércio tem que ser para quem gosta".

Vendendo Alegria

Helena tem visão de mercado, inclusive da concorrência. Ela diz que seus biscoitos são feitos e vendidos com amor. Tem consciência de que o freguês não fica se não for cativado. Sabe que o que faz a diferença é o atendimento. Procura cativar os clientes e os atende bem, a despeito do valor da compra.

Trabalha todos os dias, incluindo os domingos, com o mesmo sorriso. Diz não ganhar muito, mas o suficiente para pagar suas contas e a educação do filho. Grande parte do lucro, investiu na ampliação física da loja e na incorporação de novos produtos (bombons, balas e outros). Já teve patrões, mas hoje é dona do próprio negócio e prefere ser patroa de si mesma. Tem orgulho de ter crescido, passando de trabalhadora doméstica à empreendedora, com casa, carro próprio e uma condição financeira que lhe permite ajudar a família e bancar tanto o curso de inglês quanto a escola do filho. Seu sonho é ver seu filho se formar, depois ela almeja se aposentar e viajar.

Você Pode Ter Seu Próprio Negócio

O caso da dona Helena converge para um conjunto de aspectos que explicam o empreendedorismo: o desejo pessoal, a força de vontade, o empenho, o trato do dinheiro e a visão de cliente e de mercado.

Observe sua vizinhança, seu bairro, sua cidade, seu estado. Provavelmente, vai perceber a existência de inúmeras pessoas sobrevivendo em negócios que criaram, sejam eles formais ou informais; a maioria, por sobrevivência, em função da crise no mercado formal de trabalho. Alguns, além da necessidade, pela opção de não ter patrão e de trilhar um caminho independente, como é o caso de dona Helena. Há um universo de empreendedores nas mais diversas áreas, a maioria sem recursos, movidos por sonhos e desejos, pela paixão e pela obsessão em realizar suas ideias. A vivência de muitos deles permite concluir que qualquer pessoa com determinadas características pode iniciar um pequeno negócio que dê sustento familiar e possa transbordar para um coletivo maior, com impacto na sociedade e no desenvolvimento do país.

Encontrando um Lugar ao Sol

Boqueirão, uma vila de Solonópole, no sertão cearense, é como na letra da canção *Asa Branca*: "Quando 'oiei' a terra ardendo/ qual fogueira de São João/ Eu 'preguntei' a Deus do céu, 'uai'/ Por que tamanha judiação?/ [...]/ Que braseiro, que 'fornaia'/ Nenhum pé de plantação."[4] Foi lá que Francisco Honório Pinheiro Alves nasceu e viveu até a adolescência, quando a família se transferiu para Fortaleza a fim de tratar da saúde da mãe. O sertão, diz Honório, ceifa as vidas precocemente: cedo se começa a trabalhar e a assumir responsabilidades, interrompendo os brinquedos da infância e as despreocupações da adolescência.

Na capital cearense, Honório trabalhou como trocador de ônibus, ajudante de feira, vendedor de loja de tecidos, vendedor de livros, auxiliar de escritório, gerente de imobiliária e de concessionária de carros, de onde só saiu para tocar seu próprio negócio.

Hoje, o Supermercado Pinheiro é um grupo empresarial que gera cerca de 1.700 empregos diretos por meio de 13 lojas físicas, 1 loja virtual, 1 Centro de Distribuição, 11 salas de cinema, 6 parques infantis e 5 choperias.

O que os candidatos a montar negócio próprio podem aprender com a caminhada do menino desvalido, filho de pai analfabeto, nascido em uma das cidades mais pobres do Brasil, que pode estimular as pessoas em situação comparável a montar seu próprio negócio?[5]

Esteio da Família e Referências do Mercado

O ambiente familiar é estimulante para o desenvolvimento quando a mãe, o pai e os irmãos formam uma célula de confiança, de otimismo e de fé. No caso de Honório, o analfabetismo do pai foi compensado pela sua luta para sustentar a família — garimpou minério, fez escambo de animais, andou sobre mula negociando de tudo e labutou como lavrador —, originando nele a obstinação de uma sina melhor para os filhos, não admitindo que pegassem em "cabo de enxada", ou seja, aceitassem trabalho braçal. Ainda mais relevante foi o contrapeso da mãe como professora primária: "Ela foi a minha grande amiga. A ela eu tudo confiava, e isso era recíproco. Uma mãe que nos repreendia fortemente se errávamos, mas ao mesmo tempo uma leoa em nossa defesa. Dinâmica, inteligente e firme, foi ela sempre a grande condutora de nossas vidas e de nossas escolhas. Muito religiosa, passou-nos também a força de sua fé."[6]

Para cuidar da mãe, o pai se desfez do pouco que tinha, incluindo uma pequena mercearia. A ida deles para a capital, onde as condições para tratá-la eram melhores, desencadeou a preocupação de como prover o sustento da família, com a mãe adoentada, o pai desempregado e os seis filhos, a maioria menor de idade. Então, Honório e o irmão mais velho, Bosco, encontraram um ponto comercial agregado a uma residência e abriram uma pequena mercearia para ajudar nesse provimento. Essa escolha foi feita porque ali o pai também poderia trabalhar e sentir-se útil, já que seria difícil, naquela altura da vida, encontrar um trabalho para ele que não fosse braçal. Essa mercearia foi o primeiro passo na formação do grupo empresarial.

Quando chegaram, a fé da mãe e as boas relações do pai o colocaram sob a proteção do Padre Agenor, religioso a quem deve a intensificação da fé e o redirecionamento dos seus planos para o futuro, reforçando o discurso da mãe: estudar se quisesse mudar de vida.

Apesar de Honório não reconhecer um acontecimento específico que direcionasse o seu interesse por ter um negócio próprio, afirmou que "quando se é pobre, a necessidade é sempre o motor propulsor".[7] Também menciona pessoas e instituições que ajudaram o seu direcionamento para o negócio.

Seu tio Clicério, por exemplo, era dono de uma mercearia, a mais sortida da região de Solonópole. Já na capital, Honório e Bosco se inspiraram no grupo J. Macedo e no empresário Edson Queiroz, ambos em Fortaleza. Em termos de orientação, buscaram o Sebrae e a Universidade de Fortaleza (Unifor).

Como Vencer sob a Adversidade

Sem a pretensão professoral de quem está ensinando, Honório expõe alguns de seus aprendizados:

- Ninguém vence sozinho.
- É possível vencer com muito trabalho, boas parcerias e inspiração divina.
- Com força, foco, dedicação e honestidade, pode-se construir um presente e um futuro de sucesso.

Segundo suas próprias palavras: "Não posso dizer que esse menino pobre e sem oportunidades que fui já enxergasse um motivo maior para explorar novas possibilidades. Era mesmo a força da imposição da pobreza e a necessidade de ajudar a pôr comida em casa."[8]

Desigualdade e Responsabilidade

Honório tem uma visão estratégica sobre o país, o posicionamento dos empresários em relação à nação e a obrigação do Estado com seu povo. Na sua visão, no Brasil e, de modo particular, no Ceará, a concentração de renda é muito grande. Esse assunto deveria entrar na pauta do empresariado, já que mudar essa realidade é uma questão urgente: "Reduzir essa desigualdade não é ficar de olho na prosperidade dos negócios, mas, sim, na vida dos que são excluídos até do básico devido à extrema desigualdade na distribuição de renda."[9] Os vários projetos sociais do Supermercado Pinheiro despertam atenção dentro e fora do Ceará.

Por outro lado, Honório reconhece, as ações do empresariado são limitadas: "Somente uma boa política pública, com força de lei, poderá desconstruir a violenta concentração de renda que existe no Brasil."[10]

Empreendendo no Regatão do Baixo Amazonas

Do sertão nordestino à região ribeirinha da Amazônia, os candidatos a empreendedor revelam sua faceta diversificada. O companheirismo familiar, o comércio e a diversificação são os pontos comuns entre o caso de Oscar Rodrigues, que começou seu negócio na região amazônica, e a vida empresarial de Honório Pinheiro Alves, que acabamos de conhecer.

Oscar deu início ao Grupo Líder junto com o irmão mais velho, Osmar, e com o pai, em 1961. Os primeiros passos para a formação do grupo começaram quando os três fizeram um regatão no Baixo Amazonas. O que era o regatão? Como não havia estrada na época, o meio de transporte e o próprio negócio eram feitos por barco. Saíam de casa e, às vezes, iam até o Marajó — uma viagem que durava até dois meses. Só tinham notícias de casa por telegrama, quando aportavam em cidades que tinham os Correios. Hoje, sem parar para vender mercadorias e com o avanço da indústria naval, a viagem dura em torno de três horas.

Oscar viveu de maneira remediada, mas viu muita pobreza — uma pobreza extrema, a população ribeirinha passava muita necessidade, até dos direitos básicos de saúde e de alimento. Quando via as pessoas pedirem comida para a mãe, sentia muito. Isso marcou tanto a sua vida a ponto dele focar sua existência na criação de empregos.

Hoje o Grupo Líder é gigantesco: 14 mil funcionários e faturamento de mais de 3 bilhões de reais por mês nos setores de supermercado (45% aproximadamente da receita total), de magazine, farmacêutico, de material de construção, de ótica, industrial de torrefação e moagem de café e de criação de gado.

Venda por Escambo

Começaram fazendo venda por escambo, termo que significa troca de produtos. Na época, cada um dos irmãos carregava seu barco com produtos de primeira necessidade, consumidos pelos ribeirinhos, e os vendiam para os comerciantes locais. Iam até o final da viagem e voltavam recebendo o valor dos produtos entregues, também em mercadorias: juta, pirarucu e outros peixes, pedras preciosas, essas últimas vendidas para exportadores. Recebiam pouquíssimo em dinheiro.

Quando o negócio cresceu, tiveram a necessidade de ter uma base na capital, em Belém, por causa dos negócios que fluíam do Amazonas. A ideia inicial era comprar uma residência, mas o pai os aconselhou a comprar um local no qual pudessem ter um comércio também. Acabaram adquirindo um imóvel na entrada da cidade, que é o Porto do Sal, perto de uma das escolas mais tradicionais da cidade, o Colégio do Carmo, onde os filhos passaram a estudar, e o próprio Oscar se matriculou no supletivo à noite.

Na época, tiveram bastante lucro, mas o pai, sempre sábio, chamou a atenção dos filhos para o fim das grandes construções (Transamazônica, Hidrelétrica de Tucuruí) e arrematou: "Vocês têm que procurar outra coisa porque esse *boom* que estão vivendo, de venda de atacado para os pequenos comerciantes do interior, vai acabar. O foco deve ser o consumidor final, porque esse consumidor não acaba nunca."[11]

Foi então que Oscar passou a prestar atenção nos supermercados. Ele se encantou com o segmento e abriram, em 1975, o primeiro deles, 14 anos depois de iniciarem o comércio de escambo. Deram ao negócio o nome de Líder Condor. De lá para cá, o grupo foi crescendo, chegando ao faturamento atual.

O Que Oscar Fez de Diferente?

- Endividar-se com responsabilidade. *Se não souber mexer com dinheiro, é melhor nem começar.*
- Focar a qualidade. *Nós não fazemos nenhum comercial que diga que vendemos mais barato que o custo. Eu não posso vender pelo custo. Eu vendo com preço justo. Para isso, eu preciso ter qualidade.*
- Respeito ao cliente. *Entender que ele é o chefe, ele é quem manda.*
- Persistência. *Se não tiver persistência, esquece.*
- Coragem e honestidade. *As pessoas hoje dão muito valor para o documento, para o contrato bem-redigido. Não foi isso que eu aprendi com meu pai. Eu aprendi com ele a ter caráter, a cumprir minha palavra.*
- O líder não promete o que não é capaz de fazer, de jeito nenhum.
- Dedicar-se diuturnamente à empresa. *Se acordo às 4h, eu pego o telefone e vou deixando a mensagem.*

Visão Diferente sobre Desigualdade e Responsabilidade

Oscar acha que a desigualdade social e a pobreza não afetam seu negócio: "Afetar, não afeta, mas estamos fazendo a nossa parte. Na opinião do empreendedor, o que liberta a pessoa é o trabalho, e o trabalho com dignidade enaltece o homem, valoriza e dá dignidade para as pessoas."

Concluindo, Oscar Rodrigues dá sua visão sobre a desigualdade social: "Ainda é grande neste país, mas já melhorou muito."[12]

Capítulo 2

O Maior Risco É Não Arriscar

Minha saída da Feira dos Produtores para a curta carreira de office boy ampliou meus horizontes e desabrochou sonhos mirabolantes diante da máquina de escrever. No escritório da multinacional alemã, aproveitava as horas vagas para registrar em máquina de datilografia o devaneio grandioso de construir aviões e navios que exibiriam a bandeira do Brasil pelo mundo.

É possível que aquele tenha sido o ponto de mutação para que eu me dispusesse a buscar o sonho impossível ainda não delineado.

Aquele momento de fantasia foi interrompido com a minha convocação para servir ao exército como soldado raso no 12º RI — Regimento de Infantaria —, o que me levava ao cumprimento rígido de horário e à realização de exercícios militares exaustivos, sob o comando de exigentes superiores. Ao dar baixa, tive a impressão de ter sido um período perdido, até o tempo me revelar o outro lado, o da disciplina. Pela primeira vez em anos, fui aprovado com boas notas, estudando à noite em escola pública, o Colégio Municipal.

Na verdade, eu estava afeiçoado à disciplina desde os primeiros anos de vida, pela convivência com meu pai, mas só recuperei essa lembrança ao escrever este livro. Amante da natureza, meu pai se dedicava a plantar árvores. Era tão meticuloso ao plantar mudas, que, ao fazer a cova para o plantio, usava varas de 40, 50 e 60 centímetros para medir a largura, o comprimento e a profundidade do "berço" da planta. Se houvesse um centímetro de diferença, ele refazia a cova.

A disciplina é o modo de agir de quem demonstra constância e obediência a métodos. Creio também que sempre fui movido pela persistência: não desistir nunca. Se tenho um objetivo a alcançar, costumo ser incansável. Os pesquisadores geralmente relacionam, além das características mencionadas, outros atributos do empreendedor: a intuição, bem como a capacidade de interpretar o ambiente e de construir relacionamentos, e o poder de atrair o apoio de terceiros. A atração de talentos é uma arte refinada e imprescindível para a caminhada no empreendedorismo. A expressão adequada é atrair por adesão, despertando o interesse do apoiador, e não o arregimentando, como o que ocorre em corporações militares. As pessoas precisam ser acolhidas para querer fazer e não para serem mandadas fazer, como ensinam Kouzes e Posner.[1]

Os estudiosos também costumam chamar atenção para o fato de que não existe uma tipologia única para definir o empreendedor, mas apontam alguns traços que estão associados ao seu perfil. No meu caso, além dos mencionados, a predisposição para confiar nas pessoas superando a inclinação por desconfiar do outro.

A confiança nas pessoas, procurando parceiros e colaboradores para me ajudar a fazer o que eu não sou capaz de realizar sozinho, sempre me acompanhou. Como nos versos atribuídos ao poeta Mário Quintana, acredito que "somos todos anjos de uma asa só. Precisamos nos abraçar para voar!". Na minha trajetória, os anjos foram vários, especialmente Paulo Roberto Garcia Lemos, parceiro fundamental para colocar a Fundação Dom Cabral de pé, e Mozart Pereira dos Santos, na sua consolidação. Outros tantos me ajudaram a realizar meus sonhos. Tudo isso se sustenta quando da realização de um sonho, no mais das vezes coletivo, no qual está inerente a ideia de cooperação, de ajuda mútua, e a necessidade de construir pontes, parcerias e alianças para alcançar um objetivo maior.

A importância da valorização do outro, a despeito da hierarquia, é fundamental para o empreendedor, reconhece Rogério Salume, criador da empresa de origem capixaba Wine. Segundo ele, é preciso gostar de gente: "Quem está em primeiro lugar são os *wineanos*, sabe por quê? A empresa está orientada para o cliente, ele tem que se sentir rei. Então, como fazer para que o colaborador entregue uma experiência única, se ele não está feliz? Se ele não estiver motivado, envolvido e se sentir parte? Acabou o cliente e acabou a empresa."[2]

A capacidade de assumir riscos é uma das características importantes do empreendedor: "Se o empreendedor não correr riscos, não souber se relacionar, não gostar de gente, vai ser qualquer coisa, menos empreendedor. Como será empreendedor, se não gosta do risco?",[3] questiona Rogério Salume.

Inquietação

A inquietação é uma das molas propulsoras que move o empreendedor.

Próximo dos 20 anos de idade, meus interesses indicaram uma nova mudança de rumo. No colégio, ajudei a criar um centro cultural com intuito de exercer maior protagonismo no momento em que o ambiente político do país aumentava em efervescência. Na época, propus a realização de um seminário para debater questões nacionais, convidando o então Bispo Dom Serafim Fernandes de Araújo, simpático ao movimento estudantil da época, para esse debate. Foi esse o meu primeiro contato com ele.

Em seguida, liderei uma chapa de oposição ao Diretório Estudantil, sendo eleito seu presidente. Para a posse, convidei o Deputado José Gomes Pimenta, o Dazinho, membro da Juventude Operária Católica (JOC) e líder dos trabalhadores da empresa[4] que explorava as minas de ouro de Nova Lima. Em meu discurso de posse, ancorado na Encíclica do Papa João XXIII — *Pacem in Terris* —, fiz apologia aos direitos dos homens por acesso a um padrão de vida digno, pelas reformas estruturais do país, e por uma conclamação dos colegas para lutar contra os regimes extremistas. Tempos depois, Dazinho teve seu mandato cassado por imposição do Regime Militar de 1964.

A desmedida manifestação, contrastada com a protocolar menção à direção do colégio, provocou a ira do diretor a favor da intervenção militar, que passou a me perseguir, levando professores e alguns colegas a me isolar, forçando minha transferência para o Colégio Estadual Central, onde concluí o nível médio.

Uma especialista em gestão, Cláudia Botelho, identifica, a partir do relato até aqui, alguns conceitos e características do empreendedorismo associados ao ativismo estudantil e à busca por uma carreira: o fato de, na juventude, ter se identificado com a causa política, com a luta por ideias democráticas e com a demonstração de sensibilidade pelos mais desfavorecidos, sinalizaria uma crença e um posicionamento que permanecem ao longo da vida; ou seja, ações empreendedoras que façam a diferença para a sociedade. Além disso, parece sugerir características de liderança, senso de propósito e desejo de transformar o mundo. A fluidez na busca da carreira significaria flexibilidade, que é uma característica do empreendedor. A motivação básica seria a autorrealização movida pela vontade de fazer a diferença. O jovem com postura empreendedora focaria mais a busca de um projeto relevante do que de uma profissão. Tende a buscar formação e conhecimentos que o sustente. E isso pode variar ao longo da vida, assim como os projetos também podem variar.

Alçando Voo

Ainda que não se tenha clareza aonde chegar, é preciso ir em frente.

Impelido pela refrega colegial e pelo convívio com o movimento estudantil em que militavam alguns jornalistas, decidi tentar essa profissão em 1963. Meus 22 anos e o rudimentar traquejo intelectual não me inibiram de bater às portas do jornal *Diário Católico*, onde me ofereci como candidato a repórter. Minha primeira reportagem foi sobre a inauguração de um colégio católico. Esmerei-me na redação da matéria, com a ilusão de vê-la estampada na primeira página. Frustrado, eu só a vi publicada dias depois, em um pequeno espaço, reformatada por um exímio redator.

Comecei a desconfiar que meu forte seria a função de repórter, não a de redator. Não me dei mal, pois, meses depois, fui convidado pelo jornalista Guy de Almeida, diretor da sucursal do *Jornal do Brasil*,[5] comparável à *Folha de S. Paulo* de hoje, para integrar sua equipe. Em 31 de março de 1964, deu-se o Golpe Militar e Guy foi preso, sob a falsa acusação de estar planejando dinamitar a Usina Intendente Câmara, da Usiminas. Semanas depois, fui despedido do jornal, assim como a maioria dos colegas. Logo depois, fui contratado como repórter da TV Belo Horizonte, associada à então Rede Rio de Rádio e TV, onde fiquei por três anos, até a emissora ser encampada pela Rede Globo.

Esse período foi marcante na minha vida. Depois de ter passado no vestibular para três cursos, optei por cursar Economia porque, como jornalista, cobria o setor econômico-financeiro. Mesmo com salário minguado, casei-me com Nilda, minha namorada desde o Colégio Municipal, cuja retidão e firmeza me trouxeram maior equilíbrio emocional. Fomos morar numa pequena casa nos fundos de um terreno da minha sogra, mas com um obstáculo a ser vencido. A sua divisa era motivo de uma antiga disputa com o vizinho por causa da posição da cerca entre as propriedades. A desavença ameaçava chegar às vias de fato com meus cunhados. Propus à minha sogra cuidar da negociação. Entrei em contato com o vizinho, fizemos um acordo, renunciando a uma pequena parcela do terreno, finalizando as hostilidades. Consegui transformar um potencial inimigo em um vizinho tratável.

Na leitura de Cláudia, a especialista em gestão citada anteriormente, a negociação com o vizinho teria uma relação direta com o conjunto de competências do empreendedor. Dentre as competências, está a de negociação, que consiste na capacidade de buscar uma solução que favoreça as partes, na capacidade de buscar soluções alternativas, de articular com a cadeia de valor, como também o interesse por interagir com pessoas. Ser atraído por situações que envolvem relações interpessoais.

Candidatei-me em seguida a uma vaga na sucursal do jornal *Correio da Manhã*. Na entrevista, fui submetido a um teste psicológico sem perspectiva de solução: teria que atravessar um muro extremamente sólido. Minha primeira tentativa foi abrir um buraco no muro e atravessar por ele: "Impossível, ele é impenetrável." A segunda foi escalá-lo para transpô-lo: "Não, ele é infinitamente alto." Eu caminharia pela esquerda ou pela direita até o seu final a fim de passar para o outro lado: "Ele é infinitamente comprido." Fui insistindo de várias maneiras e a resposta se repetia até que concluí, dizendo: "Não interessa, se tenho que atravessar, vou atravessar!" A persistência me garantiu a contratação no mesmo dia.

O jornal fazia oposição ao regime militar e isso trouxe reflexos à receita de publicidade, levando-o a restringir a remuneração dos jornalistas. O baixo salário levou a imprensa a admitir a prática de trabalho cumulativo em outros veículos. Em dezembro do mesmo ano, recebi um convite para integrar a redação do *Diário da Tarde*, pertencente aos Diários Associados, aumentando minha ocupação e reforçando o orçamento familiar.

Universidade e Crescimento

Em junho de 1968, convidado por Dom Serafim Fernandes de Araújo, já Reitor da Universidade Católica de Minas Gerais (UCMG), assumi a Assessoria de Imprensa da instituição sem me dar conta de que o destino traçava minha caminhada para outra guinada de vida. Em seguida, fui buscar apoio em alguém que conhecesse os meandros da universidade. Olívio Souza de Araújo, da Escola Superior de Cinema à época, foi liberado metade do tempo para me ajudar. Em pouco mais de um ano, montamos e executamos um conjunto de iniciativas; entre elas, um seminário sobre o fenômeno da comunicação de massa da época, que atraiu uma centena de líderes de opinião. Dada a minha antiga relação com o jornalismo impresso e televisivo, tivemos como um dos palestrantes o diretor-geral da Rede Globo, Walter Clark, uma celebridade à época. O seminário aumentou a notoriedade da universidade. Dom Serafim criou, em seguida, uma comissão de notáveis que orientassem os desdobramentos do seminário, o que resultou, mais tarde, na criação da Escola de Comunicação.

Rebeldia e Sonho

Um rebelde não aceita as coisas como elas são. Às vezes, é preciso usar a criatividade e dar um jeitinho na realidade.

Além das atividades nos jornais, continuei como assessor de imprensa da UCMG, período de avanço no processo de institucionalização da ditadura. Para os que militavam na imprensa, foi uma época frustrante, porque quem decidia o que publicar era a Polícia Federal, chegando ao absurdo de instalar censores nas redações dos jornais.

Descrente da intenção dos que pregavam a luta armada e desmotivado em função das limitações da carreira, passei a pensar na opção de deixar o Brasil. Alguns colegas tinham obtido bolsa do governo francês para estudar no Institut Français de Presse (IFP), instituição associada à Universidade de Paris. A proximidade da formatura na universidade deu início a um devaneio: quem sabe a saída do país não ajudaria a preencher a sensação de vazio que eu passara a sentir?

Minha graduação seria em dezembro de 1969. Antes, em abril, fui de ônibus ao Rio de Janeiro obter informações na Embaixada da França sobre a bolsa de estudo, acompanhado pelo amigo Ciro Valadares, meu colega de turma na Economia, que estivera preso pelos militares. A papelada exigida pela Embaixada era extensa. Iniciei a peregrinação em busca dos documentos e me deparei com o desânimo do amigo Ciro. Mesmo me oferecendo para ajudá-lo com a papelada, ele desistiu. Eu segui em frente.

Esperei pela reação da Embaixada por semanas. A resposta de sempre era: "O *dossier* está em vias de exame." À época, o Ministro das Relações Exteriores era Magalhães Pinto, ex-governador de Minas, que eu conhecia. Usando o "jeitinho brasileiro", liguei para a Embaixada e disse falar em nome do Chanceler, recomendando o candidato à bolsa. Pouco depois, ela foi concedida. No dia 12 de novembro de 1969, Nilda e eu embarcamos para Paris.

Assistindo ao Fracasso do Comunismo

Paris era uma aldeia global repleta de gente de quase todos os países; e a cidade universitária, onde moramos por mais de dois anos, era um miniuniverso desse planeta. Nilda e eu fomos expostos a essa diversidade, ela no Institut Internacional d'Administration Publique (IIAP), eu no Institut Français de Presse (IFP) e no Institut d'´Étude du Développement Économique et Social (IEDES) e, ainda, no convívio social nas viagens a outros países, especialmente da Cortina de Ferro, ocupados à época por tropas da União Soviética.

Visitamos vários desses países, vivenciando situações reveladoras sobre o regime soviético: carência de alimentos, avidez por produtos ocidentais e a militarização das vias públicas. Como a nossa presença ocorria em pleno período de reação à intervenção soviética e logo após o gesto do jovem Jan Palach se imolando em praça pública em Praga, em protesto contra a ocupação, fui hostilizado por ser confundido como russo na capital da então Tchecoslováquia. O episódio de maior tensão, contudo, ocorreu quando nosso carro foi barrado e revistado na Alemanha Oriental por soldados armados, inclusive com o uso de espelho para verificar o que poderia estar escondido na parte de baixo do veículo.

Por sorte, o jovem alemão a quem tínhamos dado carona desceu do carro ao perceber a aproximação do posto policial.

Se na fala de posse no Diretório Estudantil do Colégio Municipal eu já manifestava desacordo quanto à imposição, à força, de ideias e de regimes totalitários, ele se sedimentou ainda mais na época em que vivi na Europa.

Professor?

Ao completar meu tempo na França, não fazia ideia do futuro. Lembro-me de um episódio que, acredito, forneceu uma pista. Às vésperas do embarque de volta, uma amiga norueguesa perguntou o que eu pretendia fazer no meu retorno. Minha resposta foi espontânea: *vou ser professor*. Karen fez um ar de incredulidade, como quem não acreditasse no meu perfil para isso. A reação dela não me importunou, porque a resposta não refletia em nada a minha intenção consciente nem correspondia à minha experiência.

Importância da Sociedade

Narayana Murthy, empresário indiano, criador da Infosys e membro do Conselho Consultivo Internacional da FDC (que morou na França na mesma época em que lá vivi), também teve a mesma decepção com o comunismo e acredita que qualquer empreendimento demanda um propósito maior, uma visão nobre. "Quando fundamos a Infosys, chegamos à conclusão de que buscar o respeito da sociedade seria o valor mais importante para nós. Obter respeito da sociedade é fundamental, porque a sociedade contribui com os clientes, os funcionários e os investidores. Portanto, viver em harmonia, buscando o respeito da sociedade, na minha opinião, é o primeiro, ou deveria ser o primeiro, objetivo de qualquer corporação em qualquer lugar do mundo."[6]

Esse princípio é compartilhado pelo hoje proprietário da empresa Refrigas, Lair Francisco Gusmã Assis: "Meus gerentes sabem que cuidar das pessoas é a parte mais importante do negócio, porque é o que fica, além de pagar bons salários, dar ajuda social ao colaborador, dar dignidade, e ajudar nos estudos para que eles cresçam como cidadãos."[7] Ele complementa, falando do papel social da empresa e da responsabilidade pelo desenvolvimento da sociedade: "Eu falo pra eles: tendo ou não sucessão, a empresa tem que continuar. Eu acredito que esse é o grande legado, porque é uma empresa que vai cuidar da sociedade em que ela atua da melhor maneira possível."[8]

Lair começou a trabalhar em uma pequena oficina familiar de conserto de geladeiras do interior de São Paulo, onde pai, mãe e filhos atuavam e de onde tiravam o sustento. Aos 18 anos, começou a trabalhar na gestão da oficina. Seu pai o ensinou a comprar, a vender e a cuidar dos livros contábeis, introduzindo-o na arte da gestão.

Com o casamento da irmã e a entrada do cunhado no negócio, acendeu uma luz amarela em sua mente, e Lair entendeu que aquele pequeno negócio não seria capaz de sustentar tanta gente. Já com diploma universitário de Administração, decidiu atuar em ramo afim, deixando a oficina para se tornar fornecedor de peças para oficinas como a do seu pai, e para tantas outras do mercado. "Vou montar um negócio de venda de peças para mecânicos. Se, com a oficina, tínhamos 10%, 20% do mercado vendendo peças, eu teria de 70% a 80%", esse foi seu pensamento. Com a ajuda do pai, que lhe entregou peças do estoque, adquiriu a Refrigas, um pequeno comércio de peças em dificuldades. Sua mãe tornou-se sua sócia e foi ajudá-lo a gerenciar a loja.

Lair é de uma família pobre de Bauru, São Paulo. Até seus 13 anos, a família morava na casa de madeira do avô. Para ele e a família, a vida foi só trabalho. "Trabalho, trabalho, trabalho, a vida toda. Eu chegava da escola e, em vez de ficar lá em casa sem fazer nada, ia para a oficina do meu pai ao lado, onde comecei a trabalhar."[9]

Nesses relatos, observo o compartilhamento de uma postura comum, valorizando as pessoas e tecendo redes de relacionamento em todas as direções, baseada em princípios familiares sólidos, de quem vem da base da pirâmide, conhecendo o trabalho ainda cedo. Além dos atributos apontados anteriormente, destaco como diferencial dos empreendedores a dedicação ao trabalho, às vezes de maneira extremada.

Capítulo 3

Desejo: Andar Devagar Ou Apressado?

Como o intento deste livro é estimular pessoas a empreender, criando negócios próprios, uma das questões que cabe debater é o que leva os indivíduos a decidir por destinos distintos. A resposta encontrada nas inúmeras discussões que me ajudaram a escrever este livro está relacionada ao desejo, como um colega manifestou, de maneira sincera: "Confesso que eu gosto é de ser empregado. Talvez eu tenha necessidade de segurança. Freud explica."[1] Samir Lótfi Vaz, um reconhecido professor de estratégia e gestão empresarial, apesar da preferência pessoal, quer orientar seus filhos a empreender: "Eu quero dar essa educação para os meus filhos. Eu converso muito sobre isso com a minha esposa; a gente fala da importância de dar uma educação empreendedora para os nossos filhos."[2]

Diante disso, fica a dúvida: o que me levou a romper fronteiras, superar obstáculos e criar o aparentemente impossível, enquanto o amigo Ciro Valadares, que tentei atrair para estudar na Europa, trilhou outro caminho? O entendimento da psicanálise é que o desejo está relacionado ao campo do inconsciente. Ele se manifesta por meio da vontade no sentido de ter interesse, querer, escolher, não como algo deliberado e consciente.

Tomo emprestada a letra da música *Tocando em Frente*,[3] para fazer um paralelo entre a minha caminhada e a jornada do Ciro. Ela ensina: "Ando devagar porque já tive pressa/ E levo esse sorriso/ Por que já chorei demais/ [...]/ Cada um de nós compõe a sua história/ Cada ser em si/ Carrega o dom de ser capaz/ E ser feliz." Plena de poesia e de sabedoria na linha de como levar a vida, a música fornece pistas para tentar entender a diferença de características e atitudes de um e de outro, diferença que nunca interferiu em nossa amizade, mas cimentou opções distintas.

O fato é que Ciro decidiu por seguir outro caminho e não se empolgou com a ideia de se aventurar em Paris. E por quê? A sua desistência de concorrer à vaga para a bolsa de estudos na França hoje me conduz a pensar sobre o que move as pessoas quando escolhem um caminho, ou quando ele se abre em um grande largo. O projeto de ir para a França era um desejo meu e, ainda que eu tentasse convencê-lo a fazer o mesmo, por saber de seu preparo e de sua capacidade intelectual, seu interesse não tinha a força motriz necessária para tocar o moinho daquele desejo. Talvez ele desejasse, ainda que inconscientemente, velejar em outras águas. Novamente me vem à mente as considerações sobre o contexto familiar, a história de vida de cada um, as necessidades e os riscos que a mudança exige. Certamente, aquela oportunidade era percebida de maneira diferente por nós, como se fôssemos dois atores de uma mesma peça vivendo papéis distintos. Era um desafio posto e, assim como eu decidi mudar o rumo da minha vida, alçando voo em uma nova direção, meu amigo direcionou seu barco a outro mar, possivelmente mais tranquilo, enquanto eu seguia num voo aparentemente cego, mas guiado pela estrela do desafio, que naquele momento era muito mais forte do que eu.

Escolhas

Sintonia, no sentido humanístico, significa harmonia entre pessoas. Penso que criamos, Ciro e eu, laços de convivência baseados em princípios comuns. Ao mesmo tempo, temos temperamentos diferentes. Ele, calmo e sereno, eu, inquieto e ansioso. A sintonia, em vários aspectos, não significa escolhas e caminhos iguais. Ciro tinha um pendor para o estudo e o conhecimento intelectual, começando pela Filosofia no Seminário Eclesiástico, depois indo para as Ciências Sociais e, posteriormente, para a Economia, área em que se graduou e obteve o mestrado, diferente da minha errática carreira acadêmica. Priorizou a dedicação e a excelência ao serviço público em carreira ascendente, onde se aposentou.

Ado Jório, seu filho, graduou-se, fez o doutorado na Universidade Federal de Minas Gerais (UFMG), o pós-doutorado no exterior e mantém uma permanente agenda no ambiente acadêmico internacional da sua especialidade — Física —, com ênfase em Nanotecnologia. Estudou nos Estados Unidos, na França e, mais recentemente, na Suíça. Manteve estreita convivência com os avós maternos, chegando a morar com eles por alguns anos. O avô era ourives, um trabalho que se inicia com a procura de pedras em campo e seu tratamento para transformar a pedra bruta em pedra preciosa. Do ponto de vista prático, é um ofício bastante próximo do trabalho laboratorial de um cientista experimental. Ado se lembra de que, na sua trajetória, a curiosidade começou cedo, "remexendo no armário do meu avô, pegando as coisas, tentando derreter no fogão, tentando testar o mundo, uma criança curiosa em todos os aspectos".[4] Ele recoloca a importância do ambiente familiar na criação do espírito empreendedor reconhecido pelos especialistas. Acredita que educar a criança para ser livre, curiosa, corajosa e confiante é um grande incentivo. "O medo de falhar é o maior inimigo do empreendedor, e uma criança que cresce com a clareza de ser amada não tem medo de falhar, de dar asas às suas curiosidades e a seus sonhos. Os sonhos são de cada um, seja um empreendimento fantástico, ou viver uma vida pacata, sem ser julgado por isso dentro de um viés ideológico."[5]

O desejo de Ado Jório é que seu saber seja útil para os que pagam os impostos, garantindo a existência das universidades públicas. "E isso me direciona para o lado do empreendedorismo de fato, aquele que é capaz de gerar conhecimento e reconhecimento pela comunidade científica, mas que gera patentes que possibilitem a criação de empresas de base tecnológica. Empreender de fato é minha meta, fundamentada em conhecimentos que desenvolvo no Brasil."[6]

Sua reflexão é abrangente, distinguindo a capacidade de criar conhecimento da capacidade de gestão: "No meu aprendizado, concluí que a gestão tem diversos níveis. Se você quiser realmente fazer uma empresa e fazer a gestão daquela empresa, é mais interessante que você delegue a pessoas competentes."[7]

Se as premissas para forjar o empreendedor quando criança, lembradas por Ado Jório, são acertadas, que futuro esperaria o menino repreendido em público, à vista do avô e das tias, aos 4 anos, e logo pelo pai? Essa questão me intrigou até que encontrei uma hipótese provável, que vem sendo discutida ao longo destes capítulos: ao contrário de me desestimular, a repreensão mobilizou meu ser profundo para fazer coisas que parecessem notáveis, com o intuito de despertar o reconhecimento paterno.

Desejo de Mudar o Mundo

Talvez essa reflexão possa ser creditada à minha inquietude endêmica e à necessidade de fazer coisas relevantes, não só para agradar e ser reconhecido por meu pai, mas, principalmente, para galgar outras esferas, esboçadas naquele sonho megalomaníaco de adolescente.

A maioria dos brasileiros voltava ao país, vinda dos estudos na Europa, por via aérea, uma viagem de quinze horas. Minha opção, à época, foi retornar de navio, uma viagem longa, de doze dias, com a intenção de me acostumar com a ideia de voltar ao meu meio e me desapegar do ambiente europeu. O mar despertou em mim lampejos do que fazer e caminhos a escolher.

Em fevereiro de 1972, desembarquei no Rio de Janeiro. Semanas depois, reapresentei-me ao *Diário da Tarde*, que havia mantido meu vínculo empregatício sem remuneração. Édison Zenóbio, meu chefe, insistiu para que eu voltasse ao jornal. Pedi uns dias para assentar a cabeça, mas prevaleceu o desejo ainda difuso de mudança de rumo.

Procurei a Universidade Católica de Minas Gerais, que também havia mantido meu vínculo. Uma nova unidade tinha sido acrescida ao complexo universitário: a Faculdade de Comunicação, implantada por Lélio Fabiano dos Santos, como desdobramento de um seminário que realizamos dois anos antes pela Assessoria de Imprensa que eu dirigia.

Como tinha sido diplomado pelo Institut Français de Presse, o mesmo que Lélio havia frequentado, a universidade me convidou para o cargo de vice-diretor da nova unidade. Semanas depois, já instalado, eu me preparava para lecionar a disciplina de Pesquisa de Opinião Pública e Mercadologia. Começava a minha curta carreira (um semestre) de professor. Mesmo considerando o ambiente efervescente e agradável da escola e a boa convivência com os estudantes, alguns dos quais vieram a trabalhar comigo tempos depois e se tornaram meus amigos, a carreira acadêmica não me empolgou e me levou a encerrar a curta experiência.

A Primeira Aventura Empreendedora

Desinteressado pela sala de aula, e talvez prenunciando o desejo de outros voos, procurei o Lélio com a proposta audaciosa de a escola organizar uma mostra dos novos equipamentos e técnicas de comunicação e informática que estavam emergindo nos países desenvolvidos: vídeos e computadores pessoais, slides coloridos, filmadoras, máquinas fotográficas automáticas etc. Alguns deles nem tinham dado as caras no país. A ousadia da proposta não tinha tamanho: a mostra seria realizada no Palácio das Artes, com transmissão ao vivo pela televisão. O risco de fiasco rondou a iniciativa do primeiro até quase o último instante. Até as vésperas do seu início, ficamos dependurados no telefone, tentando convencer a *Kodak* e outros fabricantes a expor seus produtos, alguns dos quais teriam de trazer suas amostras do exterior. Finalmente, no dia e na hora previstos, lá estava o locutor da TV Itacolomi, canal líder de audiência na época em Belo Horizonte, transmitindo a abertura do *I Salão Brasileiro de Comunicação & Audiovisual*, na presença do governador da época, Rondon Pacheco.

Lembro-me da preocupação com o risco que corremos, mas o que ficou na memória foi a decisão que viabilizou a iniciativa, e sobretudo a confirmação do aprendizado construído, esteio para minhas realizações: estou sempre à procura de ajuda e conhecimento para sustentar a concretização dos meus sonhos. Quando incorporamos um experiente negociador de espaço publicitário na equipe, o fechamento dos contratos se viabilizou. Marcos Rocha, gerente comercial do *Jornal do Brasil* em Belo Horizonte, desde a minha época de repórter, foi quem colocou o evento em pé.

A caminhada no primeiro ano dentro da universidade, aparentemente, não oferecia pistas para o futuro. O olhar de hoje revela que eu procurava abrir espaço próprio, que permitisse usar a criatividade e a ousadia, mais tarde compreendidas como elementos fundamentais e intrínsecos na vida de um empreendedor.

Centro de Extensão da UCMG

Nesse meio-tempo, fui convocado pela reitoria para uma nova missão. Correntes no exterior, as atividades de extensão eram pouco difundidas no sistema educacional brasileiro. Eu deveria representar a UCMG em um seminário sobre o tema, no qual tomei conhecimento desse papel nas universidades. Após o evento, entreguei o relatório sobre o que aprendi à reitoria. Pouco depois, recebi convite para implantar um centro de extensão na universidade. Ali estava a oportunidade de mudança. Em menos de um mês, entreguei a proposta, que recebeu uma única restrição: mudar a sigla sugerida, "CEX", que lembrava algo erótico. Em duas pequenas salas, foi instalado o Centro de Extensão, cujo papel, em resumo, era criar elo entre a universidade e a comunidade, estimulando a instituição a ser um elemento de transformação social que extrapolava a formação educacional acadêmica tradicional.

Montamos uma equipe básica com três pessoas em tempo parcial: Olívio, o mesmo que me ajudou na Assessoria de Comunicação tempos antes, e duas funcionárias. As primeiras atividades foram típicas de quem está tateando o terreno e não sabe bem por onde começar — cursos de extensão de curta duração (trinta horas) de natureza diversa: técnicas de fotografias, reciclagem para irmãs de caridade, elaboração de orçamento municipal; concertos de música popular, colônia de férias para filhos de funcionários e professores, entre outras atividades.

O dinamismo do Centro de Extensão surpreendeu outras escolas, que passaram a acompanhar com interesse o que fazíamos e a propor atividades conjuntas, o que era conveniente, porque elas eram donas das estruturas física e acadêmica e o Centro de Extensão não tinha espaço físico nem professor. No mesmo ano, nossa equipe foi reforçada com a vinda de dois profissionais da escola de engenharia (IPUC — Instituto Politécnico da Universidade Católica de Minas Gerais): Paulo Roberto Garcia Lemos, professor, vibrante, jovial, encarregado anteriormente de organizar cursos de curta duração na área de engenharia; e Bonifácio José Teixeira, ex-secretário-geral da mesma escola, experiente gestor da área educacional e exímio negociador. Ambos aportaram consistência técnica e capacidade organizacional, complementando a visão intuitiva do grupo inicial.

Sobre o Prepes

O Centro de Extensão passou a oferecer cursos de especialização de maior duração (360 horas), um deles, o Programa Regional de Especialização de Professores do Ensino Superior (Prepes), um programa de pós-graduação *lato sensu*.

À época, a educação superior brasileira vivia um impasse. As centenas de faculdades isoladas das cidades do interior não obtinham reconhecimento pelo Ministério da Educação (MEC), porque seus professores não recebiam credenciamento para lecionar por falta de especialização em suas áreas — a maioria formada na própria faculdade. Para garantir a especialização, teriam de se mudar e fazer o mestrado ou o doutorado em tempo integral nas prestigiosas universidades das capitais, inviabilizando o funcionamento de suas instituições de origem.

O gosto por desafios animava nossa equipe. Aos poucos, fomos juntando as peças do quebra-cabeça: os professores com doutorado das grandes universidades gozavam de férias em janeiro e em julho; os docentes das escolas do interior também. O campus da UCMG ficava vazio nesses períodos. Com essas condições favoráveis, o projeto estava no ponto para levantar voo. Criamos o programa com 360 horas de duração, com aulas unicamente nos meses de férias, em tempo integral, convidando como professores os acadêmicos titulares das melhores universidades do país, faltando, no entanto, uma última peça do quebra-cabeça: a pessoa capacitada para liderar o desafio. Com adesão de uma reconhecida especialista em educação, Ângela Vaz Leão, ex-diretora da Faculdade de Educação da UFMG, fechamos a equação.

Em seguida, saímos em caravana, sempre em duplas, pelo interior de Minas Gerais e do Espírito Santo, *vendendo* a solução. De volta ao campus, fizemos o balanço dos contatos e nos surpreendemos não só com a boa recepção da proposta, mas também com a sua propagação para outros estados. Resultado: na primeira versão do Prepes, tivemos 460 participantes de vários estados, inclusive uma jovem professora vinda da Colômbia, e 22 professores da Universidade Federal de Uberlândia, que, na visita que fizemos, tinham nos recebido com ironia e desdém, alegando proximidade e acesso íntimo com a Universidade de São Paulo, considerada a melhor entre as instituições de ensino superior.

Antes de iniciar o primeiro módulo, reunimos os diretores das faculdades participantes para transmitir as informações básicas do programa. Ao seu final, Wilson Chaves, diretor do Centro de Ciências Humanas da Universidade, que reunia vários cursos de graduação (Pedagogia, Letras e outros) a serem oferecidos inicialmente como especialização pelo Prepes, comentou: *se vocês pensam que levantaram um teco-teco, estão enganados, levantaram foi um Boeing.* O Prepes foi realizado durante muitos anos. A Coordenação de Aperfeiçoamento de Pessoal de Nível Superior (CAPES), unidade que cuida de bolsas para professores do MEC, aproveitou nossa experiência para regulamentar a pós-graduação *lato sensu* em todo o país.

Os Cursos de Pós-graduação

O novo grupo, formado por Bonifácio, Olívio, Paulo Lemos e eu, tornou-se, de forma espontânea, uma equipe coesa, vibrante e proativa, formulando valores e procedimentos do Centro de Extensão com o apoio da direção da universidade, especialmente de Dom Serafim e de Gamaliel Herval, então secretário-geral. A definição da razão de ser do Centro de Extensão, *servir à comunidade*, e a necessidade de conhecer bem o *cliente*, por meio de uma escuta comprometida, tornaram-se princípios norteadores de nossa prática.

Se, no primeiro ano, seu dinamismo foi expressivo, nos dois anos seguintes suas atividades se multiplicaram, ganhando consistência técnica e organicidade. Boa parte dos cursos de extensão na área de administração — livres da tutela do MEC, versáteis, noturnos e de duração média de quarenta horas — foi mantida, enquanto dois outros foram organizados por área de especialização em programas de pós-graduação *lato sensu*, com duração de 360 horas (Engenharia Econômica e Direito de Empresa). A aceitação foi um sucesso e o número de candidatos excedeu a oferta, levando à formação de mais de uma turma, além de uma fila de espera para o futuro. Mais uma vez, o fenômeno da demanda aguçou nossa atenção e despertou o anseio por voos mais altos.

A ampliação das atividades do Centro de Extensão e o seu protagonismo colocaram na agenda a questão do espaço físico. A hipótese da construção de um local apropriado para suas atividades ganhou adesão da reitoria para satisfação da nossa equipe, cuja média de idade era de 30 anos. Da ideia à definição da verba para sua construção, foi um pulo. Dom Serafim, sempre apoiador das nossas iniciativas, autorizou a colocação da maquete do projeto na sua antessala, convidando seus visitantes a conhecê-la.

Uma Pedra no Meio do Caminho

Minha facilidade em atrair apoio de pessoas, detectar oportunidades e estruturar soluções, não alcançava a malícia do jogo político. O súbito desaparecimento da maquete na reitoria me alertou para uma tentativa de desequilibrar o Centro de Extensão e de minar o projeto de construção do prédio. A trama estava sendo liderada pelo diretor do Centro de Ciências Humanas, que interpretou a escolha da professora Ângela Vaz de Melo, que vinha da mesma área, para dirigir o Prepes como ameaça à sua liderança.

Se nossa proposta provocava resistência, aumentava a manifestação de apoio dos dirigentes de outras escolas: Direito, Engenharia, Comunicação, Psicologia e Assistência Social, e daí começou a surgir a solução para o aparente impasse. O diretor da Escola de Direito, atento ao respaldo velado de Dom Serafim à nossa atuação, propôs a extinção da Associação Dom Cabral, iniciativa dos seus professores para concessão de ajuda financeira a estudantes carentes, que se encontrava inoperante. No seu lugar, a ideia era criar uma fundação independente da universidade, com o nome de Dom Cabral, para abrigar as atividades do Centro de Extensão. As condições eram que a nova instituição deveria procurar local para funcionar fora do campus e que a universidade não aportaria recurso financeiro, permitindo apenas a transferência dos cursos de especialização para a nova unidade, de forma a garantir receita para o seu funcionamento.

Do Centro de Extensão à Fundação Dom Cabral

Assim, em 9 de agosto de 1976, a edição do jornal *Minas Gerais*, órgão oficial do governo do estado, publicou o ato assinado por Dom Serafim criando a Fundação Dom Cabral (FDC).

Passei a ocupar dupla função: diretor do Centro de Extensão e responsável pela estruturação da nova unidade. Pouco a pouco ela foi ganhando corpo, inicialmente com a decisão de que os cursos voltados para o segmento empresarial seriam incorporados à nova unidade. Em seguida, procedemos à divisão dos colaboradores. Os que se ocupavam das atividades culturais e dos programas, como o Prepes, permaneceriam no Centro de Extensão e os que se dedicavam aos programas voltados para a área empresarial seriam transferidos para o novo espaço físico. Dom Serafim se tornou presidente da FDC, e Gamaliel Herval, na época vice-reitor da universidade, e Edson Durão Júdice, consagrado professor de matemática, seus diretores. Eu e Paulo Lemos fomos designados superintendente e superintendente adjunto da nova organização. E, assim, começou a FDC: sem dinheiro, sem instalações físicas, sem professores próprios, longe dos principais centros (São Paulo e Rio de Janeiro), mas com o sonho de construir uma organização que fosse referência no seu negócio, como uma catedral que pudesse ser avistada à distância.

A solução para as novas instalações surgiu novamente graças a Dom Serafim. Ele sugeriu avaliarmos o prédio da rua Bernardo Guimarães, n.º 3.071, pertencente à Cúria Metropolitana, que se mostrou perfeito pela proximidade com o centro de Belo Horizonte, porém estava em precárias condições físicas.

Em fevereiro de 1978, quase dois anos após a criação da FDC, tempo em que se deu a reforma do prédio, o então Governador Aureliano Chaves e o Arcebispo Metropolitano, Dom João Resende Costa, cortaram a fita inaugural das novas instalações, orgulhosamente chamadas por nós de campus — na verdade, era um prédio alugado de três andares, meia dúzia de salas de aula, e estacionamento para seis carros. Com o apelido carinhoso de "Begê", lá estamos até hoje, como parte de um conjunto de *campi* em Belo Horizonte, Nova Lima e São Paulo.

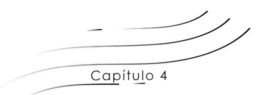

Cultura: Com O Que Sonha O Brasileiro?

O que é a cultura de um país? É uma maneira de as pessoas trabalharem juntas "em direção a objetivos comuns que foram seguidos com tanta frequência e com tanto sucesso que as pessoas nem pensam em fazer as coisas de outra maneira. Se uma cultura se formar, as pessoas farão autonomamente o que precisam para ter sucesso", afirmam os autores do livro sobre o paradoxo da prosperidade.[1]

As pessoas agem e fazem as coisas em função do que a sociedade, ou o seu entorno, valoriza, o que decorre das crenças que seus antepassados criaram a partir do convívio em família, na escola, na vizinhança, na igreja e em outros ambientes comuns. Essas crenças se sedimentam em valores que determinam como os problemas são resolvidos e como as pessoas escolhem trabalhar e viver juntas.

Vamos a duas situações simples e hipotéticas para facilitar o entendimento de como alguns valores agem sobre o comportamento dos brasileiros:

1 Na sua opinião, o que levaria a maioria dos brasileiros a protestar com mais veemência: se a folia do carnaval fosse restrita a sábado e domingo ou se o preço da cesta básica aumentasse a ponto de forçar a diminuição das compras?

2 Imagine que a pessoa tenha, na poupança, dinheiro suficiente para comprar a desejada TV, último modelo, mas, no momento, o preço é maior do que o preço esperado meses à frente. Você acha que a maioria deixaria o prazer de realizar seu desejo agora, em troca de poupar para ter mais recursos e comprar o bem de consumo no futuro?

Os especialistas em gestão, Peter Drucker entre eles, entendem que o comportamento empreendedor está vinculado predominantemente ao ambiente cultural no qual a pessoa vive. Isso explicaria, em parte, porque alguns países, regiões e cidades são mais prósperos do que outros: os Estados Unidos comparados com o México, por exemplo.

Na minha visão pessoal, vejamos um resumo do que é relativamente consensual entre os brasileiros:

- Somos acolhedores, simpáticos, alegres e amigáveis.
- Vivemos em busca de ser felizes, de aproveitar a vida, de nos divertir e de cair na folia.
- Trabalhamos para viver e não vivemos para trabalhar.
- Somos coletivistas, no sentido de nos preocupar e agir em grupo, mais do que individualistas.
- Somos um povo que foca o curto prazo (ter ou fazer aqui e agora).
- Somos imediatistas e com baixa tendência à poupança.
- Agimos em local público como se fôssemos donos do espaço.
- Desconfiamos mais do que confiamos.

Algumas dessas características causam embaraço ao empreendedorismo e outras são estimulantes. O propósito desta discussão é focar o que fazer desse caldo de crenças e comportamentos que está enraizado em nós, e não propor a transposição de valores estranhos à maneira de sermos e que têm sido receitados ao longo do tempo por investidores e por parte da academia e da elite.

Importar Cultura É como Adicionar Água e Mexer?

Alguns estudiosos reconhecem que essa transfusão não funciona, porque as instituições expressam o que a sociedade valoriza. A interpretação de como estimular o empreendedorismo de forma consistente e duradoura "não é tão simples quanto importar o que funciona em outros lugares, adicionar água e mexer",[2] registram os mesmos autores.

Eduardo Giannetti foi inspirado ao retomar, no seu livro *O Elogio do Vira-lata e Outros Ensaios*,[3] a expressão cunhada por Nelson Rodrigues nos anos 1950, *complexo de vira-lata*, para retratar o sentimento de inferioridade em relação aos povos desenvolvidos que sempre acompanhou o brasileiro: somos uma coisa que não deu certo, que não conseguiria chegar lá. Falando da Copa do Mundo de Futebol de 1958, o jornalista, escritor e cronista esportivo dizia que o Brasil só seria campeão se nos livrássemos do trauma das Copas de 1950 e 1954. Fomos vitoriosos, vencemos a Copa da Suécia e levantamos a taça quatro outras vezes.

Reconhecendo que esse sentimento existe, o economista e filósofo propõe assumirmos o papel de vira-lata como condição para um desenvolvimento fundado na nossa originalidade como projeto cultural. Com humor, pergunta: "Qual é o problema em ser vira-lata? Se é para escolher entre ser o *poodle* de madame ou o *dobermann* de polícia ou um vira-lata, eu prefiro ser vira-lata."[4] Giannetti assegura que essa condição de cão sem raça definida é nossa condição mais valiosa e "isso é possivelmente o que nós temos de melhor, de mais belo, algo a ser cultivado, a ser louvado".[5]

Ele reconhece que deixamos muito a desejar em áreas como educação fundamental, saúde pública e saneamento, mas acredita que o Brasil pode melhorar o básico da sua vida material, que o país "promete algo original diante de um ocidente que está num tremendo impasse [...] uma crise da ecologia que mostra limites objetivos a um certo padrão de consumo que não é generalizável em escala planetária [...] uma crise da ecologia psíquica com incidência da depressão, transtornos mentais, consumo de drogas, número de suicídios que supera o número de mortes em acidentes de trânsito, ou seja: nações que se tornaram hiper-ricas, que são competitivas em tudo, calculistas e, no entanto, não tem equilíbrio, harmonia, generosidade, exuberância interna para desfrutarem a vida"[6] como o brasileiro em geral desfruta. Giannetti relembra que "o que nos é próprio é a disponibilidade Tupi para a alegria e o folguedo, uma disposição alegre e amigável, tranquila diante da vida. O dom da vida como celebração. Essa capacidade intensa de viver poeticamente o momento, mesmo em condições de adversidade, que outros povos sujeitos a ela ficariam profundamente enganados e deprimidos"[7].

E a Religião com Isso?

A religião é um componente essencial da cultura de um povo. Por se tratar de questão relacionada às crenças pessoais sobre vida e morte e à existência de algo que vá além da vida terrestre, a religiosidade é tão importante quanto a educação em sua influência sobre o empreendedorismo.

Historicamente católico, o Brasil vive uma crescente transição religiosa com a ascensão da população evangélica. A estimativa é que essa população possa superar o número de católicos em pouco mais de dez anos. Perto de 3,5 milhões em 1950, os evangélicos atingiram o número de 31 milhões em 2019, comparado ao de 94,2 milhões, e 50 milhões de católicos, respectivamente.[8]

Essa migração está relacionada a crises econômicas, segundo pesquisas de economistas. "A hipótese é que os brasileiros adversamente atingidos por crises se tornam mais susceptíveis à forte retórica religiosa de cura de problemas apresentada pelas religiões evangélicas. Daí, por exemplo, a escolha do lema 'Pare de Sofrer', pela Igreja Universal do Reino de Deus."[9]

A professora Carmen Migueles sustenta que o protestantismo trabalha a psicologia positiva. Que recebemos um talento, um chamado de Deus que nos leva a olhar para dentro, a nos descobrir e a co-construirmos o mundo com Ele.

Pesquisadores ratificam as considerações da professora: "As igrejas pentecostais incentivam a responsabilidade individual, [...] reestruturam relações familiares e de gênero, ajudam os pobres a reorganizar a vida [...] e desempenham um papel importante na formação de redes comunitárias de solidariedade e sociabilidade e na atenuação da vulnerabilidade social."[10] Os autores do estudo sugerem que "a ética protestante favorece o desempenho econômico dos países e que um maior percentual de protestantes contribui para um maior nível de renda per capita".[11]

Os autores chegam à questão do empreendedorismo: os "neopentecostais enfatizam fortemente o acúmulo de riquezas e o empreendedorismo. Dessa forma, fornecem fortes incentivos ao trabalho e ao ganho de dinheiro, proporcionando aumento de produtividade e, consequentemente, o crescimento econômico".[12]

Como o crescimento do protestantismo tem sido constante por mais de cinquenta anos, a sua influência sobre a cultura e a opção por negócio próprio é a dedução lógica.

Na Feira dos Produtores, onde trabalhei quando era muito jovem, o número de barraqueiros protestantes tem aumentado a cada dia, ao contrário do que acontecia na minha época. Dona Helena, nossa personagem do Capítulo 1, é um exemplo. Evangélica, é enfática ao ligar a religião aos negócios. "Primeiro, coloco Deus na frente. Ele controla todas as coisas. Eu falo que eu sou a menina dos olhos de Deus. Ele fala: 'Vou dar logo para esta negona chata, ela vai pedir tudo de novo.' Deus toma conta de tudo. Mas tem uma coisa: faço minha parte. Sou uma boa administradora."[13]

Educação

Componente vital da cultura do país, a educação dá mostra de fragilidade em relação ao empreendedorismo. O consenso sobre a contribuição do ensino na escola, nos seus diferentes níveis, do maternal ao universitário, para o aprendizado geral e para o aprendizado do empreendedorismo em particular, é de precariedade. Ao longo do tempo, especialistas em educação têm enfatizado essa deficiência: "Não há uma cultura que estimule as pessoas a iniciarem um negócio próprio; em vez disso, o que se enfatiza é uma educação formal e, posteriormente, a busca por um emprego em uma empresa. Sendo a escola poderosa para desenvolver um conjunto de valores, hábitos e atitudes que se correlacionam com o sucesso individual no mercado de trabalho, melhorá-la é uma bela ideia. Escola ruim não cumpre esse papel a contento."[14]

Vale ressaltar que o estudo sobre os empreendedores coloca em dúvida o aprendizado formal na formação de parte deles, seja no Brasil, seja em outros países. Ao pesquisar a vida de 24 empresários pioneiros — do Barão de Mauá (1788-1875), que atuou nos setores de transportes, indústria e finanças, a Edson Queiroz (1925-1982), no comércio, indústria, comunicação e educação, passando por Francisco Matarazzo (1854-1899), nas áreas de comércio, indústria, navegação e finanças —, Jacques Marcovitch, ex-reitor da Universidade de São Paulo, concluiu que alguns dos pioneiros nunca tiveram educação formal, mas a sabedoria de "valorizar o conhecimento dos outros, daqueles que puderam ajudá-los a viabilizar o sonho".[15] Amador Aguiar, fundador do Banco Bradesco, não relacionado por Marcovitch, não tinha nem cursado o primário.

Corporativismo Impacta a Cultura

A postura do "com quem você pensa que está falando", a meu ver, pode ser associada àqueles que querem "reduzir o Brasil a uma cópia de algo que ele nunca (chegará) a ser",[16] lembra o economista e filósofo Eduardo Giannetti.

As demonstrações dessa postura se repetem: de um desembargador de São Paulo, que, desobedecendo à ordem de usar máscara por causa da Covid-19, rasgou a multa aplicada pelo guarda na praia de Santos, e não só a jogou no seu rosto, como ainda ligou para o Secretário de Segurança Pública, denunciando que estava sendo desrespeitado; do Presidente da República que, para proteger os filhos, forçou a saída de um ministro que resistia a trocar o superintendente da Polícia Federal do Rio de Janeiro.

As evidências também se multiplicam: ao findar o ano de 2020, os responsáveis pelo STF e pelo STJ pediram à Fiocruz vacinas para os juízes e servidores do judiciário na clara intenção de furar a fila de imunização.[17] Essa demonstração de corporativismo provocou manifestação de repúdio da imprensa, especialmente do colunista Hélio Schwartsman: "Em vez de as pessoas se pensarem como cidadãs de uma república de iguais, veem-se (e agem) como membros de corporações que se julgam detentoras de direitos especiais."[18] O articulista lembra que o desenho de suas instituições é o que diferencia os países que avançam dos que patinam e acentua que "quando elas servem primordialmente a elites extrativistas, o país naufraga; quando são inclusivas, o desenvolvimento chega".[19] E conclui: "O corporativismo está matando o Brasil."[20]

O Ambiente Institucional Ajuda o Empreendedorismo?

Valendo-me do motivo apontado pelo jornalista Hélio Schwartsman para a existência de países que avançam e países que patinam, é hora de questionar se o ambiente institucional brasileiro estimula ou atravanca o empreendedorismo. No caso do empreendedorismo, seriam as normas que regem a abertura, o funcionamento, o acesso ao crédito, a facilidade de abrir uma empresa e outras normas que facilitam ou dificultam os negócios.

Os estudiosos e as organizações que se ocupam do empreendedorismo recorrem com frequência a dois estudos internacionais que comparam o ambiente institucional dos países: o do Banco Mundial, chamado de *Doing Business*; e o da *Babson College*, uma renomada escola de negócios de Boston, com o nome de *Global Entrepreneurship Monitor* (GEM). Em ambos, a posição do Brasil, comparada com a de outros países, tem sido sofrível ao longo dos anos e, por consequência, o país está situado próximo a nações sem expressão no contexto político e econômico mundial.

No relatório do Banco Mundial, em 2020, o Brasil figurou na 124ª posição entre os 190 países do ranking geral. Vejamos a posição do Brasil em alguns tópicos específicos e relevantes do levantamento, acompanhada de comentários de alguns empreendedores entrevistados para este livro.

O Brasil obteve nota 81,3; ficando em 138°. São necessários 11 procedimentos e 17 dias para abrir um negócio.

José Geraldo Brasil, fundador da JGB Equipamentos de Segurança, do Rio Grande do Sul (caso relatado no Capítulo 7) aponta a dificuldade não só para abrir um negócio, como também para fechar: "É muito complicado. Agora… 'desregistrar' é um manicômio."

O Brasil obteve 50 pontos; ficando na 104ª posição.

Para Lair Assis, fundador da Refrigás, em Bauru, São Paulo (caso relatado no Capítulo 2), "no Brasil o crédito é totalmente desfavorável, os juros são altíssimos".

Por outro lado, Silviane Pereira da Silva (Silvia Ótica, caso relatado no Capítulo 10), do Ceará, ressaltou a importância do CrediAmigo, do Banco do Nordeste, para seus negócios.

O Brasil fez apenas 34,4 pontos; ficando em 184º lugar (nota: apenas 6 países ficaram atrás). São 10 pagamentos por ano, com 1.501 horas dedicadas a isso.

José Geraldo Brasil, já citado, salienta, além da carga de impostos, a complexidade do sistema tributário. "É outro absurdo, você tem que ter uma estrutura de mais de 1.500 horas/funcionários por ano na burocracia de impostos. É isso que eu digo que os empreendedores acabam passando. Às vezes, não é nem por falta de dinheiro, mas não é possível controlar tudo e o governo vem e tenta matar os caras. Então, o Brasil tem que tomar uma decisão e correr muito rápido."

Luiz Fernando Carvalho, fundador do Açaí Compartilhe Sabor (caso relatado no Capítulo 8), também pontuou a dificuldade de lidar com o sistema tributário: "Todo dia aparece um imposto novo para ser pago: eu tomei uma multa da Receita Federal de R$100.000,00. Nós fomos apanhando, organizando e aprendemos na dor."

Comércio Internacional | 108ª

O Brasil obteve nota 69,9; ficando na 108ª posição.

José de Paula (*nome fictício*), de 67 anos, que foi camelô desde os 10 anos e hoje tem um box de roupas em um shopping popular na região central de Belo Horizonte, relatou que, durante um tempo, tentou trazer mercadorias do Paraguai com nota fiscal e toda a regulamentação, mas desistiu: "A burocracia era tanta, que não valia a pena."

Por que a desistência do proprietário da loja de venda de roupas? No país a complexidade para fazer negócio e o número de autorizações dos órgãos públicos são tão grandes e dispendiosos que os empreendedores preferem desistir. Convém repetir os argumentos de Hélio Schwartsman, jornalista da *Folha de S. Paulo*: a diferença entre os países que avançam e os que ficam a ver navios tem a ver com a qualidade e o funcionamento das instituições: quando servem em primeiro lugar às elites que detêm o poder "o país naufraga; quando são inclusivas, o desenvolvimento chega". E concluiu: "O corporativismo está matando o Brasil."[21]

Comunidades Germinam Empreendedorismo

Imagine-se no meio da torcida e um jogador do time do seu coração erra feio, cedendo a bola para o adversário, que marca o gol definitivo. Os torcedores começam a gritar: *burro, burro... tira!* Qual seria a sua atitude?

Provavelmente, você faria coro com o restante dos torcedores, seguindo a massa. Por que agimos assim? Isso significa que as pessoas que estão ao nosso lado são capazes de influenciar o nosso modo de ser, de nos comportar e de agir mais do que imaginamos. Ou seja, somos influenciados pelo meio ambiente que nos cerca.

O exemplo é simples, mas faz parte de uma atitude estudada há anos sobre o comportamento das pessoas, chamado de "contágio social".[1] Esse fenômeno ocorre devido ao círculo social e às pessoas com as quais o indivíduo se relaciona, sejam familiares, amigos, vizinhos, companheiros de clube e até colegas de mesa de bar.

Se uma pessoa anda ao lado de outras bem-humoradas, tem mais chance de ser bem-humorada. Se andar com pessoas bem-sucedidas, terá mais chance de se comportar como elas e de ser bem-sucedida. "Isso porque a forma de pensar de uma pessoa bem-sucedida é completamente diferente da forma de uma pessoa malsucedida. O primeiro, ao invés de apenas queixar-se de situações, procura resolvê-las, enquanto o segundo tem maior tendência ao comodismo e a apenas reclamar daquilo que o incomoda."[2]

O reconhecido autor Fernando Dolabela, que tem influenciado gerações em todo o país na criação de negócios, explica o efeito desse fenômeno: o empreendedorismo não se dá de forma isolada, ele é um projeto de uma comunidade como um todo, ou mesmo de uma cidade, pois depende das redes sociais. Logo, é um fenômeno de contágio social, que se propaga por meio de redes. Diz respeito à raiz cultural de cada localidade, sendo a cidade o seu palco.[3]

Nogales, Duas Cidades, Dois Destinos

A lembrança de que o empreendedorismo é um projeto de uma comunidade, uma cidade, um país, recoloca a questão da qualidade das instituições de um povo ressaltada pelo jornalista Hélio Schwartsman. Na fronteira entre os Estados Unidos e o México existe uma cidade com o mesmo nome em cada país: Nogales. As duas têm semelhanças, entretanto muitas diferenças: o clima e a religião, por exemplo, são próximos, porém o padrão de vida se diferencia muito. A renda na primeira é três vezes maior do que na segunda Nogales; o ensino médio é completo para a maioria da população adulta; a expectativa de vida é alta; a criminalidade, baixa; e a lei prevalece.

As explicações para a diferença vêm do período colonial. Nos Estados Unidos, as instituições premiavam o esforço. O investimento, a inovação e o regime democrático garantiram estabilidade política, educação básica e mecanismos para frear o autoritarismo estatal. Já o México, herdando as instituições coloniais do domínio espanhol, entrou em convulsão política e ditaduras se instalaram, facilitando às elites o uso do Estado em benefício próprio, desestimulando a maioria a poupar e a investir, já que poderiam perder tudo, a qualquer momento, pela ação do novo ditador.

As diferenças entre as duas Nogales vêm das instituições moldadas ao longo do tempo. "Boas instituições tornam um país desenvolvido a longo prazo, incentivando a inovação, a competição, a eficiência e a produtividade, enquanto as instituições ruins mantêm um país pobre e subdesenvolvido. Elas premiam a busca por privilégios do Estado para extrair renda do restante da sociedade e protegem pequenos grupos de interesse. Infelizmente, o Brasil atual lembra mais a Nogales do México, com instituições que limitam as oportunidades e impedem o cidadão de desenvolver todo seu potencial. Contudo, é possível mudar se começarmos a cobrar dos políticos que parem de atender aos pedidos dos grupos de interesse e trabalhem pela maioria silenciosa."[4]

As Duas Itálias e os Dois Brasis

Há mais dois exemplos em que é possível analisar como as instituições podem cingir, ou ampliar, o potencial empreendedor de seu povo, neste caso dentro da mesma nação, como ocorre na Itália e no Brasil. Os dois países têm situações praticamente opostas, que todavia revelam a existência de "dois países em um". Há menor desenvolvimento e bolsões de pobreza no Sul da Itália e mais opulência no Norte-Nordeste. No Brasil, acontece o contrário: indigência e penúria na região formada pelo Norte e pelo Nordeste e desenvolvimento no Sul e no Sudeste.

O professor Robert Putnam, da Harvard University, comprovou, por meio de pesquisa,[5] que o Norte e o Nordeste italiano são mais desenvolvidos e ricos em função da existência, na região, do que se chama de comunidade cívica. Ele concluiu que a participação cívica foi determinante no desenvolvimento das instituições, engendrando igualdade política, solidariedade, confiança e tolerância. É nas associações (clubes sociais, grêmios culturais, associação de moradores etc.) que ele identifica as estruturas sociais de cooperação. Apoiando-se em outros pensadores, considera que os cidadãos devem buscar interesses próprios, mas alinhando-os com os interesses dos outros.

No Brasil, houve uma concentração maior da população, dos recursos e dos investimentos nas regiões Sudeste e Sul pela centralidade do poder da Colônia, do Império e da República, pela generosidade do clima e pela maior imigração de europeus e de asiáticos, contribuindo para o desenvolvimento social, agrícola e industrial dessas regiões.

Parcerias e Alianças na FDC

A relação da FDC com escolas de negócios internacionais — alianças — e com empresas — parcerias, orientadas pelos mesmos fundamentos —, já estava se consolidando quando Putnam veio ao Brasil expor suas ideias sobre a diferença entre o Norte e o Sul da Itália para presidentes de empresas associados ao Centro de Tecnologia Empresarial (CTE), uma de nossas parcerias.[6]

Parte importante da nossa evolução, o cerne das parcerias é a cooperação, a preferência por trabalhar em conjunto, firmando relações de longo prazo baseadas na confiança, na reciprocidade, na complementaridade e em decisões compartilhadas, que só grassam em terreno de contágio social. O ensinamento de Guimarães Rosa, "Mestre não é quem sempre ensina, mas quem, de repente, aprende", caiu como uma luva para o nascedouro da FDC, que adotou a filosofia de trabalhar com e não para o cliente — executivos e empresas —, entendendo que eles são quem têm o conhecimento das suas atividades. Executivos e empresas, foco das nossas atividades, podem ensinar uns para os outros.

As alianças com escolas de renome internacional vieram com a necessidade de fortalecer nossa capacitação na área de gestão, além de levar a sério o dito popular "santo de casa não faz milagre", já que o brasileiro valoriza mais o que vem de fora.

Nossa primeira aliança começou em 1975, ainda no Centro de Extensão da UCMG, por iniciativa do professor Michel Fleuriet, da escola francesa Groupe HEC, que, nas suas repetidas vindas ao Brasil, criou um modelo de análise financeira que se tornou uma referência para as empresas brasileiras. Graças a seu empenho, o acordo de cooperação contou com apoio financeiro do governo dos dois países, viabilizando a vinda de professores do Groupe HEC a Belo Horizonte e a ida de gerentes de projetos e de candidatos a professores, da futura FDC, todos jovens, a *Jouy-en-Josas*, cidade próxima a Paris.

Na sequência, tanto as parcerias com empresas quanto as alianças com escolas de renome internacional foram pavimentando a nossa caminhada.

Talvez o hábito de me manter informado, principalmente por meio da leitura de jornais, tenha ajudado a detectar tendências que afetariam as empresas e a própria sociedade, antecipando soluções para os negócios. No fim dos anos 1970, o país "acordou" para sua enorme dívida financeira externa, e a saída para saldá-la era por intermédio das exportações. O governo "empurrou" as empresas para os portos. A escuta que fizemos na época indicava que a exportação não fazia parte da estratégia da maioria das empresas mineiras. Graças ao relacionamento de Lindolfo Paoliello, aproximamo-nos do Presidente da Associação Brasileira de Exportação e do diretor da Carteira de Financiamento à Exportação do Banco do Brasil (CACEX), agência que tinha status de ministério. Com o apoio dos dois, criamos a primeira parceria com empresas visando à exportação. Denominado Centro de Estudos e Desenvolvimento do Comércio Exterior (CEDEX), quatorze empresas se associaram à FDC, destinando recursos para sua viabilização e contribuindo, ao mesmo tempo, para nosso instável equilíbrio financeiro.

Enclausurados entre as montanhas de Minas, fomos abrindo picadas, passando a marcar presença em São Paulo e no Rio de Janeiro. Em 1989, a disputa entre Collor de Mello, que ameaçava abrir as fronteiras para as empresas estrangeiras, e Lula, que prometia socializar o país, aterrorizava os empresários. À época, o presidente da Federação das Indústrias de São Paulo chegou a afirmar que os voos internacionais não comportariam a quantidade de empresários que deixariam o país.

Novamente, a leitura do ambiente mostrava um desafio e, ao mesmo tempo, uma oportunidade para a FDC. Sob a batuta do professor José Luiz Santana e de uma equipe de colegas, montamos um projeto que se propunha a fortalecer empresas de grande porte para cenários incertos. O diálogo com reconhecidas lideranças empresariais — como José Mindlin (Metal Leve), Edson Vaz Musa (Rhodia), Luiz Alberto Garcia (Grupo ABC, hoje Algar), Hans Schlacher (Belgo Mineira, hoje ArcelorMittal) e Silvano Valentino (Fiat) —, levou-nos a criar um projeto de parceria: o Centro de Tecnologia Empresarial (CTE).

Com o apoio de João Camilo Penna, ex-ministro da Indústria e Comércio e presidente de Furnas, e de Ozires Silva, então presidente da Petrobras, tivemos a adesão inicial de quinze empresas de vários estados, cujos presidentes se reuniam de três em três meses para discutir temas apresentados por especialistas, como Robert Putnam, cientista político norte-americano.

Em uma das reuniões, o representante de uma das empresas fez uma advertência e uma oferta: *para dar conta de preparar os dirigentes dessas empresas, vocês precisam do apoio de uma escola de primeira grandeza; se quiserem, posso abrir as portas de uma das melhores business schools do mundo para negociar esse apoio.* Tempos depois, eu estava em Fontainebleau, na França, negociando a aliança com o INSEAD. A tratativa exigiu paciência, persistência e estratégia, mas conseguimos firmar o acordo e, meses depois, realizamos o primeiro curso em conjunto, o Programa de Gestão Avançada (PGA), que desde então vem capacitando presidentes e altos dirigentes de empresas expressivas. Em torno desse programa, desenvolvemos outras atividades em conjunto, inclusive o "Dia Brasil", que, para minha satisfação, levava o INSEAD a decorar o seu campus de verde e amarelo a fim de discutir os desafios e os rumos do nosso país, com a presença de centenas de convidados, além dos participantes brasileiros.

Após as parcerias com o CEDEX e o CTE nos anos 1980, veio a terceira, essa com empresas de médio porte. A combinação do ambiente de concorrência externa com a virulência do movimento sindical criava um cenário paralisante e indecifrável para os dirigentes dessas empresas no início da nova década. As respostas para os velhos problemas não eram solução para a nova realidade. Seus dirigentes precisavam de ajuda para entender os novos desafios e adaptar a gestão para um cenário até então desconhecido.

Em 1992, graças à iniciativa de dois empresários mineiros, Guilherme Emrich e Stefan Salej, constituímos o programa — Parceiros para a Excelência (PAEX), com a participação de oito empresas de Minas Gerais. Em pouco mais de dois anos de funcionamento, com resultados palpáveis, os presidentes dessas empresas sugeriram criar um segundo grupo, comprometendo-se, eles mesmos, a atrair as empresas. Formado o grupo, a expansão da experiência avançou com rapidez.

Com o crescimento em número de empresas e com sua expansão geográfica, hoje o PAEX representa a mais expressiva área da instituição. São cerca de 490 empresas espalhadas pelo país. Devido à sua importância e ao seu sucesso, o PAEX merece o mesmo lema utilizado pelo Programa de Especialização de Professores de Escolas Superior, o Prepes: "PAEX: do tamanho do Brasil."

A Vez dos Estados Unidos

O ex-ministro João Camilo Penna, que havia deixado a presidência de Furnas, juntou-se à equipe da FDC e passou a insistir na nossa aproximação com uma escola norte-americana, sob o argumento de que lá estavam as melhores empresas e a melhor gestão.

Lendo artigos sobre as escolas de negócios norte-americanas na revista *Business Week*, identifiquei a edição que divulgava o ranking dos melhores MBAs em que aparecia a Kellogg Business School como a número 1; e a foto de seu *dean*, Don Jacobs, era exibida na capa, cercado por seus estudantes.

Com base na matéria, montei um roteiro de visitas, escolhendo a cidade de Boston como a primeira etapa, onde visitei o MIT e a Harvard Business School. De lá, segui para Chicago a fim de conhecer a Kellogg, uma das escolas da Northwestern University, localizada em Evanston. As várias interlocuções que tive naquele dia me deram a certeza de que esta última seria a aliada perfeita para a FDC. A conversa final foi com Don Jacobs, diretor da escola, que me recebeu com um largo sorriso e um relato expressivo sobre a instituição, destacando que os compromissos com escolas de outros países não permitiriam mais um acordo. Antes da despedida, mencionou de forma despretensiosa que era colega de um brasileiro, Roberto Campos, ex-ministro da Fazenda, no conselho da Arthur Andersen, empresa de consultoria. A despretensiosa informação foi o pretexto para Don Jacobs nos visitar e selar a nova aliança meses depois.

Em 1993, acertamos a realização do nosso primeiro programa conjunto: *Skills, Tools and Competencies* (STC), graças à habilidade e à competência de Paulo César Coelho Ferreira, meu ex-aluno na época da curta passagem pela Faculdade de Comunicação da

UCMG, e de Ken Bardach, então *dean* associado para educação de executivos da Kellogg. Desde então, mantemos nossa cooperação com a Kellogg, e Don Jacobs tornou-se um amigo fraterno, mentor e um apoiador no cenário internacional. Foi dele o convite para minha apresentação nos Estados Unidos sobre o conceito de aliança com outras escolas para uma audiência de aproximadamente 900 *deans* de escolas de negócios norte-americanas e, tempos depois, para compor o Conselho Consultivo Internacional da Guanghua School of Management da Peking University, que acabou por resultar na criação do nosso Conselho Consultivo Internacional.

O aprendizado com as escolas internacionais foi decisivo para nossa ascensão, e não afetou a identidade da Fundação Dom Cabral. Pelo contrário, o modelo inédito no apoio ao desenvolvimento de gestão e as parcerias com empresas representam nossa principal distinção. Anos atrás, em reunião patrocinada pelo UNICON, consórcio de escolas que se dedicam ao desenvolvimento de executivos, a apresentação do modelo da FDC, especialmente a experiência das parcerias, exposto pelo colega professor Carlos Arruda, foi a que despertou mais interesse dos representantes das escolas presentes.

Campus Aloysio Faria, a Nova Casa

Nas visitas de aprendizado a outras escolas em diferentes países, encontrava instalações de ótimo nível, algumas delas providas de hospedagem própria. O Allen Center, onde a Kellogg abrigava seus programas para executivos, à beira do Lago Michigan, era a que mais chamava atenção. Comecei a pensar que a FDC também deveria ter o seu campus, mas tínhamos obstáculos: a escassez de recursos financeiros e a falta de terreno.

Sabendo de nossa intenção, algumas empresas de São Paulo e da região Sul manifestaram interesse, para não dizer pressão, para que o campus da Fundação Dom Cabral se localizasse em São Paulo pela facilidade de acesso. Entendendo que uma organização como a FDC tem o compromisso com a comunidade que a originou, fui inflexível em defender a sua localização em Minas Gerais. Ainda sem dinheiro, nem terreno, começamos a nos mobilizar para a viabilização do projeto, o que exigiu quase quatro anos de levantamentos, estudos, contatos e negociações.

Tendo à frente o colega Damião Paes, que gozava de confiança e agia como um diplomata, formamos uma equipe para buscar recursos financeiros e identificar o local para a construção. A preferência por um lugar que lembrasse a Kellogg não me saía da cabeça por causa do Lago Michigan e de uma pequena lagoa adjunta, beirando o Allen Center.

A pouco mais de 35km de Belo Horizonte, no município de Nova Lima, a Lagoa dos Ingleses, se não tinha a amplitude do Lago Michigan, oferecia a vista panorâmica das serras, que a compensavam com vantagem. O terreno em seu entorno pertencia ao grupo Caemi e estava em negociação para se transformar no Condomínio Alphaville. O empreendimento estava à procura de organizações "âncoras", cuja presença no local pudessem motivar potenciais compradores de lotes para construção de casas no condomínio. A construção do campus da FDC preenchia esse papel, o que nos facilitou receber a área em doação.

A questão do financiamento foi, em grande parte, equacionada graças à relação sólida de cooperação com as duas escolas internacionais e à interlocução com os presidentes de empresas associadas ao CTE e ao PAEX, àquela altura numerosas. Abordadas pela equipe sob a coordenação de Damião Paes, algumas contribuíram com recursos financeiros, e outras, com produtos e serviços necessários ao empreendimento: sistema telefônico, carpetes, estruturas metálicas etc. Todas as quarenta organizações estão mencionadas em placa de agradecimento no saguão do prédio principal do campus.

Destaco, nesse processo de crescimento da FDC, duas abordagens. A primeira se passou com Don Jacobs. Depois de muita negociação, ele decidiu que a Kellogg faria uma doação significativa para a viabilização do espaço, o que me custou fumar um charuto, ficando mareado por um bom tempo, para selar o acordo. Não tive participação direta na outra abordagem, essa com o Banco Alfa e com o próprio Aloysio Faria, seu fundador. Ela foi conduzida pela equipe coordenada por Damião. Àquela altura, estávamos à procura de um patrocinador "master" para dar nome ao campus, cuja construção estava adiantada e com data de inauguração marcada. Acredito que sua localização em Minas Gerais, terra de Aloysio Faria, e o avanço da obra foram fatores importantes para a sua decisão de fazer uma expressiva doação. Por isso, a designação Campus Aloysio Faria.

Sua inauguração, aos 25 anos da criação da FDC, no dia 9 de agosto de 2001, foi um ato prestigiado com a presença do Presidente da República, Fernando Henrique Cardoso; de Dom Serafim; do Presidente da Câmara dos Deputados, deputado Aécio Neves; de Aloysio Faria; e do Prefeito de Nova Lima, Vitor Penido; além de inúmeras autoridades e dirigentes de empresas brasileiras e de multinacionais.

No momento dos pronunciamentos, vislumbrei, no auditório, a figura querida e compenetrada de meu pai. Foi nesse momento que me veio a lembrança da reprimenda na presença do meu avô e de outros convidados no dia do meu aniversário de 4 anos e o pensamento de que, naquele 9 de agosto de 2001, sentado ao lado de Dom Serafim e do Presidente da República, ao contrário, eu mostrava ser merecedor do reconhecimento e do afago de meu pai pelo que, mobilizado pela energia do desejo, tinha realizado e conquistado ao longo da vida.

Descoberta Revelada por Terceiros

Tempos depois, recebi a visita, que imaginava ser de simples cortesia, de dois especialistas em empreendedorismo: Louis Jacques Filion, professor da Universidade de Montreal (Canadá), e Fernando Dolabela, citado anteriormente. Trocamos ideias sobre a FDC e sobre o Canadá, cuja maioria da população fala a língua inglesa, mas uma boa parte fala francês por influência da colonização francesa. A conversa correu solta até que veio a surpresa: o professor Filion estava interessado em conhecer a história da FDC e da minha vivência pessoal para inseri-la em um livro. A obra narraria casos de pessoas fundadoras de organizações que, segundo ele, trouxeram progresso a outras organizações e à sociedade. Dessa forma, queria minha autorização para a pesquisa e para a publicação da minha caminhada.

De imediato e por longo tempo, não percebi por que os dois se interessaram pela nossa experiência. Eu não tinha noção do que era empreendedorismo e muito menos de que havia construído, com apoio dos colegas, uma organização com o dom de contribuir para a evolução de outras organizações, com reflexo sobre a sociedade. Mais por atenção do que por entusiasmo, autorizei a escrita e a publicação do livro e me coloquei à disposição para relatar o caminho pessoal e institucional pelo qual passei. O fato é que, em 2010, foi lançado o livro com o título *Oser intraprendre: ces champions qui font progresser les organisations et les sociétés: douze modèles exemplaires* [Em tradução livre: Ousar empreender: campeões que estimulam o progresso de organizações e de sociedades: doze modelos exemplares].[7]

Com o tempo, outras pessoas foram associando minhas atitudes às de um empreendedor, e fui me convencendo de que algumas virtudes e defeitos têm a ver com os de uma pessoa empreendedora. Também, ao longo do tempo, algumas pessoas me rotularam de formas diferentes: de "ambicioso", alcunha do jornalista Celso Pinto, correspondente do jornal *Gazeta Mercantil* em Londres e posteriormente diretor da *Folha de S. Paulo*; de "megalomaníaco", por Manoel Moacélio, presidente da Açominas (hoje Gerdau) e ex-membro do Conselho Curador da FDC; de "visionário", por Édson Musa, presidente da Rhodia, à época do CTE, e também ex-membro do Conselho Curador da FDC.

Acrescento um detalhe: sou vocacionado para construir uma organização social, muito mais do que para construir um negócio.

Dignidade Na Desigualdade

Observe as paradas nos sinais de trânsito e nos terminais de transporte coletivo e passe os olhos nas ruas e pelas praças movimentadas. Você logo os verá: alguns dos mais de vinte milhões de brasileiros[1] tentando ganhar o sustento e amparar familiares para viver com o mínimo de dignidade. Vendem balas, panos de chão, doces, frutas e toda sorte de mercadorias. Outros fazem malabarismo, arriscando-se entre os carros. São homens, jovens e adultos, e cada vez mais, mulheres, que perderam ou desistiram de procurar emprego, ou optaram por tentar negócio próprio, a maioria como ambulante.

Aqueles que os veem com o olhar da justiça social, consideram-nos empreendedores informais, mas a alcunha impingida pelo poder público, pela fiscalização, pelas entidades de classe e pela polícia é de comerciantes ilegais.

Zé Alves (*nome fictício*) é um desses vendedores informais. Baiano de nascimento, ganha a vida nas ruas, vendendo balas. Desde os 16 anos, atua em diversas atividades. No início, estabeleceu-se em Sete Lagoas, nas proximidades de Belo Horizonte, para onde se transferiu com os pais. Trabalhou de carteira assinada em uma fábrica de bolsas, vendeu sapatilhas de porta em porta, foi pintor de paredes, recebendo por dia trabalhado, até que o movimento começou a minguar.

Aos 28 anos, mudou-se para a capital mineira, em busca de oportunidades. No BH Resolve, serviço de atendimento da prefeitura, inscreveu-se para conseguir emprego e, sem moradia, foi encaminhado para um albergue. Lá conheceu outro morador, que o incentivou a trabalhar como vendedor ambulante, dando-lhe um conselho: "Deixe a bermuda e o chinelo e vá de calça e sapato para ganhar respeitabilidade." Conselho aceito, começou a trabalhar das 9h às 14h, em uma avenida movimentada, faturando em média R$70,00 por dia.

Dignidade

Certo dia, no burburinho do trânsito, uma senhora ao volante acenou, querendo comprar um pacotinho de balas no valor de R$2,00. Desvencilhando-se dos ônibus e dos automóveis, Zé Alves foi até ela, fez a entrega, recebeu o dinheiro, colocando-o automaticamente no bolso, e correu para atender outro cliente. Repetindo o gesto, colocou o pagamento no mesmo bolso, percebendo, então, que a primeira compradora havia se enganado, pagando com uma cédula de R$100,00, muito parecida com a de R$2,00. Ao ver que a motorista ainda estava parada no sinal de trânsito, correu para devolver o dinheiro. Agradecida, a senhora lhe deu R$50,00 como recompensa.[2]

O que significa seu gesto ao devolver o dinheiro que, pelo seu montante, superaria o lucro de mais de um dia? Isso expressa o que se chama de dignidade. Em um dos seus poemas, Carlos Drummond de Andrade perguntou: "Quanto vale o homem?/ Menos, mais que o peso?/ Hoje mais que ontem?/ Vale menos velho?/ Vale menos morto?"[3] O que vale esse gesto? Vale a honra, a nobreza, a respeitabilidade, a decência e o amor-próprio de cada pessoa, por mais modesta que seja. "É algo intrínseco: vem do próprio fato de ser humano, vem de dentro. Não é concedida e nem retirada por ninguém: nem pelos que nos rodeiam, nem pelo Estado, nem pela cultura, nem pelo consenso social. E não é coletiva, mas individual: não falamos da dignidade 'da humanidade' em geral, mas de cada pessoa. Cada ser humano, único e irrepetível, é digno de respeito."[4]

País da Informalidade e da Desigualdade

Quem são os milhões de Zés Alves imersos no trabalho informal, única opção encontrada para a sobrevivência, e onde moram? Os números mostram que o trabalho informal representa a principal atividade econômica de onze estados brasileiros.[5] "Em praticamente todo o país, o que tem sustentado o crescimento da ocupação é a informalidade", segundo a analista do Instituto Brasileiro de Geografia e Estatística (IBGE), Adriana Beringuy.[6]

Como veremos no capítulo "Despertar de uma Potência Abandonada", uma parte significativa desses informais reside nas favelas brasileiras, que somam entre 11,4 e 13,6 milhões de moradores em condições precárias, muitas vezes sem água tratada e sem esgoto, quase sempre abandonados pelo Estado. Mesmo em condições tão adversas, essas comunidades são responsáveis por movimentar quase 120 bilhões de reais por ano, mais do que a renda de 20 estados da federação.[7]

Para os que preferem o voo rasante, os informais buscam o lucro fácil, sonegam impostos, preferem a ilegalidade por meio da ocupação dos espaços mais movimentados das cidades. Para aqueles que analisam em profundidade a história e os meandros da sociedade brasileira, as verdadeiras razões estão ligadas à pobreza e às desigualdades sociais quase imutáveis: "Metade dos brasileiros sobrevivia, em 2019, com apenas R$438 mensais. Ou seja, quase 105 milhões de pessoas tinham menos de R$15,00 por dia para satisfazer as suas necessidades básicas."[8]

Nos últimos anos, essa situação tem se mostrado como um "efeito sanfona", encolhe em certos momentos e se amplia em seguida. A fome é a face mais visível dessa sanfona. Ela é classificada em três níveis de "insegurança alimentar": leve, moderada e grave, esta última é a falta de alimentos total; uma contradição para um dos maiores produtores de alimentos do mundo, que destina a maior parte desses alimentos à exportação.[9]

Quando se olha a questão do saneamento básico, é importante considerá-la do ponto de vista da saúde. Mais de um terço da população brasileira, em torno de 74 milhões de pessoas, vive sem coleta de esgoto sanitário, número maior que a população da Itália, ou a da França.[10] A falta de saneamento contribui para a proliferação de esquistossomose, diarreia, hepatite, dengue, entre outras doenças, que já deveriam ter sido erradicadas e que ainda ceifam a vida de milhares de pessoas por ano, no Brasil.

"Alegria, alegria"

"Caminhando contra o vento,/ sem lenço e sem documento/ [...]/ O sol nas bancas de revista,/ me enche de alegria e preguiça." Talvez a canção *Alegria, alegria*, de Caetano Veloso, retrate os brasileiros. Grande parte deles, mesmo diante das dificuldades, da falta de emprego, sobrevivendo de atividades informais, muitos sem carteira de identidade, mantém a alegria, a diversão criativa e a cordialidade, especialmente durante a maior festa popular do país. No carnaval, a pobreza e a desigualdade são cantadas nas fantasias de nobrezas, sem, contudo, perder o viés crítico, mostrando o lado mais inventivo e divertido do samba nos pés, raiz cultural de um povo que dá mostras de não se deixar abater diante do cenário caótico do dia a dia vivido há muitas gerações.

Vários estudiosos se debruçaram na identificação dos traços predominantes do brasileiro que podem ser explorados para incentivar o empreendedorismo. Sérgio Buarque de Holanda, em *Raízes do Brasil*,[11] foi autor de um conceito considerado o retrato fiel do brasileiro, embora contestado por outros pensadores. A tese diz que somos um povo amigável, bondoso, que se distingue pela cordialidade, daí o brasileiro ser visto como "homem cordial". Cordial é um atributo daquele que age com o coração, de maneira mais emotiva que racional. Daí a necessidade de "criar intimidade com o outro como condição de estabelecer qualquer tipo de relação".[12]

Ao demonstrar a habilidade de fazer negócio do brasileiro, sua tese faz lembrar que, para conquistar clientes, os vendedores, antes, agem para fazê-los seus amigos, o que nos faz recordar do jeito simples de dona Helena, da Feira dos Produtores: "Eu trato superbem meus clientes, eu gosto deles... gosto de estar aqui no meio do povo, brincando, conversando, atendendo bem. O meu cliente é bacana... eles me curtem... nossa, que bacana, como é passar na feira sem passar na loja da Helena?"

Em contrapartida, um dos lados obscuros do brasileiro como "homem cordial" é a sua dificuldade de conviver com o convencionalismo, seguir leis e regulamentos e, assim, distinguir o que é público do que é privado, o que é rua (que é pública) do que é a casa (que é privada). O sociólogo desenvolve essa ideia ao levar essa interpretação para esferas maiores, como a política. Dessa forma, no Estado, há o reflexo do que se chama de "patrimonialismo". Isso significa que o aparelhamento de cargos públicos é pautado mais na proximidade, nos interesses, às vezes no afeto, do que nas competências técnicas, ou seja, essa cordialidade fez com que, em nossa cultura, a diferenciação entre o público e o privado não se estabelecesse de maneira concreta.

Entre o Joio e o Trigo

Esse embaraço em lidar com o convencionalismo está na raiz do chamado jeitinho brasileiro, que é a maneira por meio da qual o brasileiro improvisa soluções para situações problemáticas. O jeitinho tem, nesse aspecto, conotação positiva, pois está relacionado à criatividade, à habilidade de persuasão, ao relacionamento pessoal e à capacidade de improvisação, mas pode ser negativo quando associado à corrupção, à formação de quadrilha, à exploração de incautos, ao uso indevido de poder e à trapaça.

Como em qualquer sociedade, encontramos o joio em meio ao trigo, sejam afortunados ou pobres, diplomados ou analfabetos, honestos ou desonestos. Entre os que se utilizam do comércio de rua, vamos encontrar pessoas bem-intencionadas, como Zé Alves (*nome fictício*), mas também os que se aproveitam de determinadas situações para ações sórdidas, como "alugar" pessoas cegas para comover incautos no seu comércio, e criminosas, como formação de quadrilha para contrabandear e vender drogas e produtos roubados, ou para dominar áreas geográficas de maneira violenta e ameaçar agentes públicos, atitudes que precisam ser combatidas.

No Brasil, grande parte da elite e das autoridades constituídas tende a condenar o jeitinho, seja qual for a sua natureza. O argumento é que, em proteção ao estado do direito, a lei não é para ser discutida, tem de ser respeitada e ponto-final, a despeito da sua eficiência e da sua moralidade, sem levar em conta: como essa lei foi elaborada; de que forma foi pressionada por grupos que detêm o poder; a quem ela serve; e a quem beneficia. A conduta de alguns citados ou condenados em escândalos, como o "mensalão" e a Operação Lava Jato, pode ser comparada ao jeitinho utilizado pela maioria da população, cercada de mazelas citadas, com os milhões sem água encanada e sem esgoto?

Escutando testemunhos de personagens da cena do cotidiano e de pessoas que acompanham a condução do processo de elaboração das leis, alinho-me com a conotação positiva do jeitinho, inclusive com a transgressão de regras injustas, que impedem o exercício do empreendedorismo.

Romildo dos Santos é empreendedor cultural, zelador de condomínio e vendedor autônomo nos finais de semana. É também um dos coordenadores do movimento chamado *Cores em Cristo*, fundado na Campanha da Fraternidade[13] de 1988, na celebração dos cem anos da abolição da escravatura. O grupo se apresenta em igrejas distantes, em troca de transporte e de alimentação. O que ele e os seus colegas do grupo querem? "Mostrar o valor e adquirir os direitos do povo negro, que não são iguais. Apesar de falarem que são iguais, não são. A verdade é essa."[14] Essa fala inconformada de Romildo, que foi abordado várias vezes pela polícia na porta do edifício em que trabalhou como zelador por causa da sua etnia afro-brasileira, esconde a alma profunda de um homem risonho, brincalhão, que passa o dia assobiando, cantando e dançando com o cabelo *black power*.

Há dois anos desempregado, o casal Leonardo Lima e Viviane dos Santos fez curso de microempreendedor no SEBRAE, reformou a cozinha da casa para atender aos padrões sanitários e passou a fabricar sucos para vender na rua e ganhar o sustento da casa e das duas filhas menores. Os fregueses, como a despachante Juscélia Santos, falavam que "todo mundo é apaixonado pelo suco que eles fazem. É melhor do que o preparado em muitas lanchonetes. Dá para ver a qualidade e a limpeza com que preparam". As vendas estavam crescendo até o dia em que uma ação conjunta da Guarda Municipal e da Polícia Civil determinou o impedimento das vendas do casal e de outras pessoas sob a alegação de "desobediência às normas e sinalização de trânsito e comércio clandestino em logradouro público".[15] Segundo o jornal *Estado de Minas*,[16] a esposa, Viviane, ficou abalada por ver a única fonte de renda da família acabar. "Fico sem opção de trabalho. Estou perdidinha. Estamos desempregados. Como vamos fazer?"[17]

O verdadeiro motivo da ação policial-fiscalizatória era facilitar o funcionamento de uma unidade do Departamento Estadual de Trânsito de Minas Gerais, Detran — MG, localizada nas imediações, na Zona Oeste de Belo Horizonte.

O casal foi proibido de vender os sucos porque existe uma regulamentação neutra e justa? Isso vale para todos? A resposta é "não". Embora pareça diferente, o Estado brasileiro se aproxima da maioria dos países da América do Sul, do Caribe e do México em termos de regras para os negócios (veja no Capítulo 5 — Nogales, Duas Cidades, Dois Destinos). As poucas exceções seriam o Chile (que saiu de uma ditadura e estruturou instituições razoavelmente modernas) e a Costa Rica, o único país no mundo sem Forças Armadas e onde uma empresa privada tomou a decisão de mobilizar seus diretores e seus gerentes para uma ação social importante: reduzir a pobreza e melhorar o ambiente em torno das moradias de seus operários.[18]

Tentativa Frustrada

Tempos atrás, quando o ex-governador de Minas Gerais, Antonio Anastasia, era senador, apresentei a ele uma proposta de projeto que permitisse um prazo de cinco anos para que os empreendedores em situação "irregular" pudessem se estruturar como empresários. Compreendendo o alcance da medida, o senador solicitou à assessoria do Senado o exame da matéria, que a submeteu ao "crivo" da Receita Federal. A resposta estancou definitivamente a tentativa: a proposta seria inconveniente porque poderia reduzir a arrecadação do governo.

A "hipótese" que fica é que o sistema se organiza para dificultar o empreendedorismo dos pequenos, aqueles que, pelo excesso de burocracia, estão fora do mercado. A complexidade fiscal, a demora, o excesso de autorizações e outras dificuldades não são por acaso. Essa simples iniciativa deixa claro que o Estado tem muito poder e esse excesso de poder não é à toa. Ele serve para troca de vantagens entre membros do governo e as partes favorecidas.

O Brasil é um país patrimonialista no qual os grandes negócios e o poder público andam de mãos dadas, e aí você tem todos os escândalos que vimos nos últimos anos como no mensalão e em outras tramas como nas gravações da conversa entre o então presidente Michel Temer e o empresário Joesley Batista, nas quais o ocupante do Palácio do Planalto sugere manter as coisas como estão para evitar a prisão do presidente da Câmara dos Deputados. Na época, a Ordem dos Advogados do Brasil protocolou pedido de impeachment contra o presidente, mas a Câmara dos Deputados negou o pedido. Na mesma época, o Ministério Público Federal enviou ao Superior Tribunal de Justiça uma denúncia contra os irmãos Joesley e Wesley Batista pelos crimes de corrupção ativa e passiva, lavagem de dinheiro e organização criminosa. Segundo a empresa Bloomberg, depois de estarem em celas de prisão com beliches de concreto, os irmãos hoje são donos de uma fortuna de US$5,8 bilhões e detêm participações em empresas que somam US$28 bilhões em ativos, entre elas a JBS.[19]

Enquanto isso, os que empreendem na informalidade, a maioria sem formação escolar nem recursos financeiros, ficam nas mãos de fiscais, muitas vezes inescrupulosos, que insinuam multa vultosa como forma de obter propina.

O empreendedorismo, especialmente para a base da pirâmide, é apenas uma questão econômica, ou abrange aspectos superiores ligados à justiça social, aos direitos individuais e coletivos e à ética?

Segundo Fernando Dolabela, especialista citado anteriormente, o empreendedorismo não é um conceito meramente econômico: "Tem antes uma conotação social, cujo preceito ético é gerar utilidade para todos. É uma ferramenta de justiça social. Mais do que uma preocupação com o indivíduo, o empreendedorismo deve ser relacionado à capacidade de gerar riquezas acessíveis a todos. No Brasil, o tema central deve ser o desenvolvimento social, tendo como prioridade o combate à miséria, oferecendo-se como um meio de geração e distribuição de renda."[20]

A Informalidade Sustenta o Crescimento da Ocupação

Ao examinarmos o número de empregos gerados por algumas grandes empresas e o compararmos com a quantidade das pessoas que vivem do empreendedorismo informal, veremos uma realidade destoante dos discursos oficiais. A soma de pessoas empregadas diretamente pelas cinco das maiores empresas por volume de venda e negócios (Petrobras, Itaú Unibanco, Bradesco, Banco do Brasil e Vale) não chega a 380 mil postos de trabalho, enquanto 20,164 milhões de pessoas trabalham diariamente na informalidade nas grandes e médias cidades, nas vias públicas e no campo, para ganhar seu sustento.[21] Enquanto o conjunto dessas cinco empresas cria um emprego, 53 cidadãos se "empregam" por conta própria, porque não conseguiram um lugar no mercado de trabalho, desistiram de procurá-lo, ou tiveram um impulso empreendedor. Esses empreendedores geram a renda que gira a economia, o comércio, a agricultura, a indústria e, em parte, o sistema financeiro, proporcionando condições mínimas de sobrevivência para os familiares e uma vida com dignidade.

Quem são esses empreendedores? Segundo dados do IBGE, analisados em detalhes pelo Sebrae, dos 28,4 milhões, 20,164 milhões não têm o cadastro nacional de pessoa jurídica (CNPJ) e, por isso, operam na ilegalidade, sujeitos às punições previstas em leis das três esferas do poder: municipal, estadual e federal. Um olhar mais atento revela que eles são o retrato do Brasil real e desigual. Analisado sob o prisma da educação, o quadro é revelador: entre os com diploma de nível médio, 69% são informais; com o fundamental, 84%; e, entre os sem instrução, a porcentagem sobe para 97%. Até dos com nível superior, o percentual é elevado: 43%. A questão racial está presente: entre os negros, 81% são informais; entre os brancos, 60%.[21]

A questão central que se põe é de fundo ético e moral: é justo o tratamento rigoroso com os empreendedores informais, impedindo-os de se empenharem para levar o sustento a seus familiares, em uma sociedade na qual metade da população vive, como já mencionado, com quinze reais por dia, na qual há um número próximo de quinze milhões de desempregados, e outros milhões de desalentados (pessoas que desistiram de procurar emprego)? É aceitável conviver com o histórico de corrupção nacional, aceitar as falcatruas e as denúncias recentes, durante a pandemia da Covid-19, envolvendo os governos federal, estadual e municipal e agentes privados?

Embora as estatísticas sejam controversas e a concentração de renda não seja exclusividade do país, a face da desigualdade no Brasil é visível.

Inovação e Confiança

Sem alternativa, como vimos, mais de vinte milhões de brasileiros, número superior à população do vizinho Chile e da europeia Holanda, fazem das ruas e avenidas o seu balcão de negócios, sem o certificado exigido para a atividade. Grande parte deles são analfabetos funcionais, com o agravante da idade, o que os coloca fora do alcance da educação formal. Mais apropriada e acessível a eles é a capacitação em habilidades, mantendo e melhorando seu desempenho, e contribuindo para o aumento da produtividade e para a formalização do negócio, objetivo que alguns já tentaram e muitos querem, não fosse a burocracia e o encargo tributário impossibilitando esse intento.

Capacitar esses brasileiros da informalidade na direção da longevidade do negócio, na lucratividade, na construção da diferenciação e no uso de tecnologia básica, pode garantir a melhoria de suas performances. O conceito de longevidade pode ajudá-los, pouco a pouco, a fugir da armadilha do imediatismo, mantendo-os na continuidade do esforço.

Para isso, o manejo adequado do dinheiro, separando o que é para si e o que é para o negócio, como ensinou a feirante da Helena Biscoitos, da Feira dos Produtores: "Eu não misturo o meu financeiro com o da loja. Se você misturar o seu financeiro, não souber administrar, você não consegue manter o seu estabelecimento."

A diferenciação equivale, para esse tipo de empreendedor, ao que é chamado de inovação pelas escolas superiores de negócio e pelos empreendimentos sofisticados, que preferem o uso do idioma inglês: *startup*, *fintech* e outros tantos. Pense em um exemplo simples: em qualquer mercado, você encontra várias bancas de venda de frutas, abacaxi entre elas, todas expondo seus produtos da mesma maneira e com o dono do negócio dentro da barraca. Um deles, um único, posta-se do lado de fora, caminhando para lá e para cá, oferecendo um pedaço de abacaxi para os possíveis compradores provarem. Imagine quem vai vender a maior quantidade de abacaxi no mesmo espaço de tempo? Essa simples postura chama-se inovação, embora os especialistas em empreendedorismo possam ignorá-la como tal.

Usar um simples celular e criar o hábito de anotar, por exemplo, o local de maior movimento de potenciais compradores, o pico da hora de compra, a arrecadação do dia, o valor de compra e venda do produto, pode fornecer elementos para a manutenção e a ampliação do negócio, melhorando o desempenho do vendedor.

Para um melhor resultado, essa capacitação deve ser conduzida por instrutores com linguagem adequada e metodologia assimilável para esse público, preferencialmente em horário flexível e em local de fácil acesso. Com o advento da Covid-19, sem descuidar do aprendizado e dada a numerosa população a ser beneficiada, a utilização de instrumentos à distância pode ajudar a encurtar o tempo para o caminho da melhoria de desempenho e produtividade, com possível reflexo na formalização desses negócios.

Por outro lado, fustigados pelo poder público e pelos donos de negócios maiores com suas associações de classe, os empreendedores informais e as pequenas empresas são vistos, de um lado, com simpatia e até com preferência, e, de outro, com restrição por causa da baixa produtividade, o que reforça a necessidade de capacitá-los na direção mencionada.

Outro aspecto favorável a esses empreendedores, e novamente em relação às pequenas empresas, é o sentimento de pertencimento, sua interação comunitária. "O papel das comunidades e a priorização do negócio local sairá reforçado depois da pandemia, pois o sentimento de pertencimento tribal será enorme."[23]

Em sua coluna, a jornalista Paola Carvalho lembrou do movimento *Localização*, criado pela sueca Helena Norberg-Hodge, que pretende encurtar as distâncias entre produtor e consumidor, diminuir custos, evitar desperdícios e reduzir impactos ambientais, de forma a injetar e a distribuir recursos "dentro de uma localidade, sejam bairros, cidades ou outra estrutura de localidade".[24]

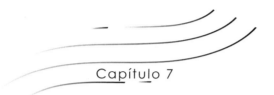

Capítulo 7

Estímulos E Desestímulos

José Geraldo Brasil, nascido em Sangão, Santa Catarina, e José Coelho, natural de Ritápolis, Minas Gerais, são dois casos que mostram como os estímulos recebidos no ambiente familiar, na escola e no entorno social incentivam uma pessoa a avançar em direção a seu sonho e, ao contrário, como os desestímulos desencorajam a busca por melhor sorte.

A simulação de uma fotografia de um e de outro, por volta dos 9 anos de idade, mostraria cada um ajudando o respectivo pai a puxar cavalo para arar a terra. Se, além da fotografia, o leitor assistisse a um filme sobre a longa caminhada de cada um, ficaria chocado com a diferença da cena dos dois aos cinquenta anos: veria um, dirigindo a sua empresa com a confiança de quem vai torná-la uma multinacional, e o outro, conduzindo uma carroça puxada por um animal, com o sentimento de incapacidade de, até mesmo, obter uma carteira de motorista.

O que os casos pesquisados para a redação deste livro ajudam no entendimento sobre caminhos tão diversos? A resposta é que o destino das pessoas está associado às vivências e ao aprendizado, especialmente nos primeiros anos de vida.

Da Idade da Pedra

Cortar pedra para fazer alicerce e paralelepípedo aos 13 anos foi o primeiro negócio, mas não foi o trabalho inicial, de José Geraldo, hoje dono da JGB — Equipamentos de Segurança —, uma empresa de renome, localizada no Sul do país. Desde pequeno, a perspectiva era de penúria: família pobre, casa sem energia elétrica, pai analfabeto por dificuldades de aprendizagem e mãe semianalfabeta. Na cidade onde moravam, a escola tinha só o primário, que ele cumpriu até o final, graças à insistência da mãe, "uma empreendedora que costurava para fora, primeiro para um alfaiate, e depois com máquina própria".[1] José Geraldo tentou fazer o ginásio por correspondência, mas o trabalho não favorecia o estudo.

E por que houve a insistência da mãe, iletrada, em fazê-lo estudar? As diretrizes e as atitudes de Lúlia Queiroz, educadora e minha colega na FDC como orientadora de programas de desenvolvimento de executivos, oferecem a resposta.

José Geraldo se empenhava no trabalho do campo, mas, no fundo, não gostava da roça. Queria estudar e ter outras ocupações. Em seus momentos de solidão, sonhava com voos mais altos. "Eu ficava pensando nas duas aves mais importantes lá em Sangão, a águia e o urubu, e dizia: 'Eu quero ser uma águia, eu quero voar.' A coisa que ficou na minha cabeça de infância foi o voo de águia, isso nunca me saiu do cérebro; esse sonho me acompanhou a vida inteira."[2]

Lúlia destaca a importância da imaginação, no caso o desejo de voar, para o desenvolvimento do ser humano, especialmente para o empreendedor. Para defender que a imaginação e a criatividade devem ser estimuladas na escola, na família e no trabalho ela lembra que Einstein, um dos mais férteis cientistas, dizia que "mais importante do que o conhecimento é a imaginação".

O sonho de voar como a águia conduziu os passos para a vereda de oportunidades de José Geraldo Brasil, que ajudou o pai até os 13 anos, quando surgiu a oportunidade de arrendar uma pedreira, prenunciando sua veia empreendedora e o desejo de criar asas para se deslocar em direção ao futuro.

Aos 17 anos, o sonho da águia batendo asas ganhou forma. A família recebeu a visita de amigos de Porto Alegre, e um deles, por afeição a José Geraldo, propôs levá-lo para a capital do Rio

Grande do Sul com emprego, moradia e estudo garantidos. Com a perspectiva de enviar dinheiro para a família, arrumou as malas e, tempos depois, já trabalhando como office boy, aprendia datilografia e se preparava para fazer o ginasial.

Raízes

Desse momento até a criação da JGB, a trajetória de José Geraldo foi tangida pela força de vontade, persistência, dedicação e humildade, incutidas pela mãe e pelo pai. Essa influência gerou a energia impulsora e a garra para não desistir nunca e transformar a empresa em uma das melhores fornecedoras de equipamentos de segurança de trabalho em todo o país. "Minha mãe sempre dizia: 'Meu filho, você vai crescer, você é uma pessoa grande.' Quando eu vim embora, ela me disse: 'Você tem capacidade, pode ir, que você vai vencer.' Ela nunca teve dúvidas com relação a mim, nem meu pai. Ele sempre acreditou e confiou em mim. Então, valores importantes da minha família foram a humildade e a confiança."[3]

Os avós e os amigos completaram o ambiente sociofamiliar que formou o seu caráter e contribuiu para que ele arquitetasse o seu futuro. Fora da família, outras pessoas tiveram papel relevante na sua vida, formando uma rede de relacionamentos importante para o empreendedor.

Tronco e Galhos

José Geraldo Brasil fincou os pés em Porto Alegre e passou 15 anos preparando o terreno para erigir sua obra. Além da força de vontade, persistência e dedicação próprias dos empreendedores, mais duas características moldaram o visionário que ele é: a humildade e, paradoxalmente, a teimosia, presentes também na perseguição do seu sonho e nos estudos.

Passado algum tempo na cidade, um amigo o levou para se inscrever no concorrido vestibular da Escola Técnica da Universidade Federal do Rio Grande do Sul (UFRGS). Tinha dois meses para se preparar para a prova, o que fazia depois do trabalho. Lia os livros no ônibus ao ir para casa, fazia simulações e montava seus objetivos. Fez a prova e só diminuiu a ansiedade quando soube que tinha passado. Durante os três anos, teve bom aproveitamento e, no dia da formatura, tomou a decisão de não comparecer à entrega do diploma. "Por que você não quer estar presente?" Foi a pergunta do professor Vergara, que o admirava: "Porque a formatura que eu quero é no curso superior de Administração de Empresas da UFRGS, nessa eu vou."

A paciência e o poder de comunicação, beirando às vezes a sedução, são atributos que parecem não combinar com o jeito decidido e teimoso das pessoas empreendedoras. Apenas aparentemente, porque em geral elas são flexíveis e talentosas no trato com paradoxos e questões antagônicas.

Com facilidade, o professor Vergara o convenceu de que ele não tinha nível para passar no curso de Administração da UFRGS, por causa dos candidatos preparados por colégios particulares caros, realidade distante da sua. O argumento que acabou por convencê-lo foi a sugestão de fazer o vestibular na Unisinos e, se aprovado, o professor conversaria com o diretor a fim de transferi-lo para a UFRGS, como era possível fazer para militares, funcionários públicos e pessoas oriundas de família pobre.

Com a aprovação, o professor o orientou na preparação dos atestados de pobreza e nos procedimentos dentro da universidade: relacionar-se com professores e alunos, contando a sua história e a da família, dizendo que precisava da vaga. Quando soube do resultado positivo, passou grande parte do dia chorando de tão emocionado. Aquilo era outra vitória e ele percebeu o quanto a família, com a humildade e com a pobreza que tinha, havia lhe ajudado, e se comprometeu a dar retorno aos parentes que o apoiaram. Foi até o professor Vergara, agradeceu-lhe e falou: "Eu vou te dar um presente, eu vou ser o orador da turma, pode ter certeza."[4] Mas o destino não permitiu a entrega do presente: seu mestre morreu antes da colação de grau.

Plantio ou Manutenção?

Em pouco tempo, deixou a corretora onde trabalhava para ser vendedor de equipamentos de segurança, remunerado por comissão e ganhando muito dinheiro. Envolvido com viagens e com o crescente volume de vendas, descobriu-se abandonando a universidade, até que um dia confessou a um de seus professores que, entre a faculdade e o trabalho, preferia priorizar os negócios. A reação do professor o estimulou a retomar os estudos e ele concluiu que, com dedicação, em dois anos estaria formado.

Caminhando para a conclusão da faculdade, escolheu como orientador do trabalho de conclusão de curso um estrategista empresarial bem relacionado no âmbito de negócios, que aceitou o encargo. O nome do trabalho foi "A Viabilidade Econômica da Indústria de Equipamento de Proteção Individual no Rio Grande do Sul".

De modo consciente ou não, era a antecipação do projeto da sua futura empresa.

Ingredientes para o Solo

Como ele conhecia tudo sobre o segmento — mercado, clientes, concorrentes, maquinário e couro para fazer os equipamentos —, ao final do trabalho, tinha o projeto pronto para iniciar seu negócio.

Ter garra, vontade, ousadia e a mente voltada para o futuro é o bastante para que o sonho do empreendedor se realize. Foi o que aconteceu com José Geraldo Brasil.

Seu cunhado conhecia o prefeito de Charqueadas (RS), que estava atraindo investimentos, cedendo terrenos e construindo galpões para a instalação de indústrias. Ele apresentou a ideia ao prefeito e então as coisas engrenaram. O prefeito gostou do projeto e ligou para José Geraldo. Daí para a criação da Charqueados Equipamentos Limitada (CEL), em sociedade com o cunhado, foi um pulo e, no dia 11 de maio de 1985, já fabricaram a primeira luva.

O relato do vertiginoso crescimento da empresa é do próprio José Geraldo: "Nesse meio-tempo, eu já fui vendendo os produtos por antecipação. Os primeiros quatro pedidos representavam um ano de produção. Então, passei a ter a coisa mais importante: ordens de compra na mão. Eu não tinha dinheiro, tinha que comprar tudo à vista, porque ninguém ia me dar crédito para comprar máquina. Então, peguei minhas reservas, comprei máquina, couro, fiz a modelagem da luva, contratei algumas pessoas e começamos a produzir. Eu entregava, emitia duplicata, ia no Banrisul, que me dava o dinheiro, eu ia, buscava couro, e, assim, a gente foi trabalhando nos primeiros seis meses. Logo em seguida, eu já tinha crédito, já comprava tudo a crédito. Começamos com 3 funcionários, em seguida tínhamos 10, fechamos o primeiro ano com 28, e a empresa estava crescendo — vendia para o Rio Grande do Sul, Santa Catarina e Paraná. Em 1987, começamos a fornecer para a Bahia."[5]

Transplante de Mudas

O que aconteceu em seguida não é raro em sociedade: o cunhado tinha preferência por uma organização pequena e ele queria uma empresa grande, em permanente crescimento. Decidido, José Geraldo comprou a parte do sócio e, um ano depois, trocou o nome da empresa para JGB.

Hoje, empregando cerca de 150 funcionários e faturando acima de 40 milhões de reais por ano, José Geraldo Brasil, mais confiante, continua repetindo o mantra do tempo de criança, que ficou no seu cérebro: "Temos que ter uma visão de águia, temos que olhar de cima, descer e pinçar os melhores negócios do mercado. Estamos nos preparando para nos tornar uma multinacional brasileira."[5]

Quem Nasce pra Tostão Não Chega a Vintém

Se, por volta dos 9 anos, José Geraldo Brasil e José Coelho puxavam cavalos para ajudar na sobrevivência da família, a bifurcação no caminho de "Zé Coelho", levou-o a um destino oposto. Também iletrados, seus pais não tinham o mesmo discernimento dos pais e dos avós do fundador da JGB. Ao contrário, tudo leva a crer que achavam o filho incapaz e o educaram como tal. Com dificuldade de se manter e considerando-o como um peso, optaram por entregá-lo a outra família. Procuraram por quem o aceitasse, até que acabaram batendo na porta de meus avós, por parte de pai, que moravam no mesmo lugarejo. Minha avó, pessoa meiga e caridosa, apesar dos seis filhos, acabou por convencer meu avô a aceitar a responsabilidade. O acolhimento recebido não foi suficiente para mudar a mente enviesada do já adolescente "Zé Coelho". Ele integrou-se à família, tornou-se responsável e trabalhador, mas não conseguiu escapar totalmente da pecha de incapaz. Acabou assumindo o trabalho de carroceiro, prestando serviço aqui e acolá.

Com o tempo, meu pai e meus tios tomaram outros destinos. Anos mais tarde, já em Belo Horizonte, meu pai, também com seis filhos, trouxe-o para nossa companhia, na tentativa de convencê-lo a progredir na vida, deixando o sustento rude como carroceiro. Lembro-me das conversas à noite, na sala da nossa casa, em que meu pai tentava estimulá-lo com a ideia de tirar a carteira de motorista, podendo, assim, quem sabe, conseguir uma ocupação mais rentável e confortável. Com ar de desamparo e voz sufocada pela humildade, respondia com desânimo que, não sabendo ler nem escrever, seria incapaz de passar no exame. Empenhado em auxiliá-lo, meu pai insistiu por dias seguidos até que Zé Coelho expôs de maneira simplória, mas definitiva, sua impossibilidade: "Quem nasceu pra tostão não chega a vintém", uma expressão da época, que significava que a pessoa tinha sido preparada para ser ninguém, derivada de um provérbio português. Com o tempo, fui percebendo que ele tinha sido condicionado pelos pais e pelas próprias circunstâncias da infância a aceitar o vaticínio da incapacidade de progredir na vida. Convencido da impossibilidade de romper essa barreira, meu pai, com o acordo da minha mãe, encontrou uma maneira indireta de apoiá-lo, passando a pagar a contribuição mensal do INSS da época para garantir sua aposentadoria, obtida anos depois.

Desestimulante, essa condenação antecipada parece atingir uma parte significativa da população, especialmente os que vivem em situação de penúria. As condições do ambiente de convivência social, na juventude e na vida adulta, e a relação com amigos e colegas exercem um papel importante, mas é na interação diuturna, entre as quatro paredes de casa e da escola, desde o berço até a idade de ganhar a rua, que os valores e as crenças são transmitidos. É no trato com pai, mãe, irmãos e amigos e na boa escola que valores e crenças são impregnados na profundidade de cada um.

Cuidando das Crianças e Reduzindo a Desigualdade

O que os casos pesquisados para a redação deste livro ajudam no entendimento sobre caminhos tão diversos? A resposta é que o destino das pessoas está associado ao aprendizado na escola e à vivência sociofamiliar, especialmente nos primeiros anos de vida. Para o norte-americano James Heckman, Prêmio Nobel de Economia, as impressões e as experiências absorvidas nessa idade preparam a base sobre a qual o conhecimento e as emoções vão se desenvolver mais tarde. Se sólida, abre uma vereda de oportunidades; se frágil, conduz a uma provável rota de fracassos.

A descoberta de James Heckman nos leva ao cerne do problema da desigualdade social. O que se pode depreender desta descoberta é que, se a criança não for exposta a uma relação de confiança e de experiências positivas desde o estágio intrauterino até os 5 ou 6 anos, seu futuro pode ficar comprometido. Preocupado com o crescimento da pobreza, Heckman adverte que, sem condições de dar o empurrão certo na hora certa, os filhos de famílias pobres crescem em desvantagens e vão aumentar a desigualdade social lá na frente: "Não podemos deixar de encarar o fato de que uma criança que tenha sido alvo de elevados incentivos conquistará uma vantagem para o resto da vida."[6] As consequências para países que não investem na primeira infância são índices de criminalidade e taxas de gravidez na adolescência mais elevadas, evasão no ensino médio e níveis menores de produtividade no mercado de trabalho.

Como economista, James Heckman fez as contas: cada dólar gasto com uma criança pequena trará um retorno de mais de 100 dólares ao final de uma idade em torno de 75 anos. Lembra também que, até hoje, a crença é de que a família deve se encarregar, sozinha, dos primeiros anos de vida dos filhos. A ênfase na importância das políticas públicas na primeira infância viria depois, perdendo-se a chance de preparar a criança justamente quando seu cérebro é mais moldável à novidade.

Por isso, o estudioso propõe políticas públicas de primeira infância que consigam "envolver famílias pobres, creches e pré-escolas, centros de saúde e outros órgãos que, integrados, canalizem incentivos à criança".

O Brasil tem uma experiência que, segundo ele, pode servir de referência para reduzir significativamente essa diferença: o Sistema Público de Saúde (SUS). Heckman lembra que o SUS alcança todos os cantos e pode funcionar como ponto de partida para essa rede de estímulos.

Capítulo 8

Inclusão Digital Para Empreender

A foto de um vendedor ambulante de bugigangas no jornal *Folha de S. Paulo* expõe a realidade brasileira. Ele faz parte do grupo de quase seis milhões de desalentados do país, "o maior da série histórica desde 2012".[1] O que impressiona é esse grupo não fazer parte dos desempregados, que somam próximos de quinze milhões. Para o IBGE, desempregado é aquele que segue em busca de recolocação. "Isso não é feito pelos desalentados."[2]

Somados, esses mais de vinte milhões de brasileiros enfrentam ainda outra barreira: a do acesso à tecnologia, traduzida, por exemplo, no caso do chamado *e-commerce*, que vem crescendo nos últimos anos, acelerado pela pandemia. Hoje são mais de 1,5 milhão de sites de vendas pela internet no país, desde restaurantes e pequenos negócios, até gigantes, como Magazine Luiza, Casas Bahia, Mercado Livre e Carrefour.[3]

Quem compra está cada vez mais conectado. O número de celulares, mais de 230 milhões, já superou a população do país, 212 milhões de pessoas.[4] Essa estatística é ilusória para grande parte dos desempregados e desalentados em função da chamada exclusão digital, que atinge principalmente as classes D e E, que não conseguem o auxílio do governo por falta de celular, de internet, ou por dificuldades em usar o aplicativo da Caixa Econômica Federal.

No caso do paulista Marcelo Rubens, por exemplo, o acesso à rede depende da boa vontade dos vizinhos, que emprestam o sinal de internet para que ele verifique o depósito do auxílio emergencial. O pintor carioca Marcelo do Carmo não conseguiu o auxílio e passou a morar em um quarto de um galpão de amigos: "Tenho celular, mas internet é um luxo."[5]

A inclusão e a exclusão digital convivem na complexidade da sociedade brasileira. Em meados de 2021, a Prefeitura de Belo

Horizonte e o Ministério da Ciência, Tecnologia, Inovação e Comunicação se juntaram em um projeto para instalar internet e doar computadores e celulares para vilas e comunidades carentes da cidade. A primeira comunidade aquinhoada foi a Vila do Índio, na região de Venda Nova.

A boa vontade e o sentimento de solidariedade se apresentam quando o ambiente é de compaixão: a moradora do local, Mônica Jesus de Paula, dispôs um espaço que será utilizado como um telecentro "para que as pessoas da comunidade possam acessar o mundo digital gratuitamente". Esse gesto ampliou a cooperação: voluntários estão se apresentando para facilitar e monitorar o acesso dos usuários.[6]

Assim, Zé Alves (*nome fictício*), personagem do Capítulo 6, e os vários vendedores de rua entrevistados poderão, com o tempo, fazer da tecnologia um instrumento de crescimento.

Compartilhando o Sabor do Açaí

A jabuticaba é uma fruta tipicamente brasileira. Nas minhas andanças pelo exterior, encontrei um único pé da fruta na Ilha da Madeira, terra do jogador português Cristiano Ronaldo, em exibição no jardim botânico como fruta rara.

Ao contrário da jabuticaba, o açaí, muito produzido aqui e em países vizinhos, é encontrado para consumo em vários continentes. Em Brighton, uma cidade costeira da Inglaterra, por exemplo, pode ser saboreado como suco em plena praia e em várias outras partes.

Luiz Fernando Carvalho, mineiro de Belo Horizonte, depois de viver entre a molecada de rua, de tentar se profissionalizar como jogador de futebol e de ver seu filho nascer quando tinha

21 anos, começou a trabalhar entregando hambúrgueres e depois como garçom em restaurantes. Em suas experiências, sempre se dedicava ao máximo para se diferenciar e conseguir uma remuneração melhor.

Inquieto, trabalhava quatorze horas por dia, mas não aceitava ganhar salário-mínimo ou ter de voltar a morar na casa do pai. "Sempre quis ser grande, prosperar. Meu pai tem uma mania que herdei dele. Se eu pegar esse guardanapo, vou ficar rabiscando, fazendo conta. Posso não estar pensando nada, mas vou fazer alguma coisa. Pensava: 'Gente, eu tenho que fazer alguma coisa para ganhar dinheiro.' Eu estava trabalhando e estava ruim? Não estava ruim, não, mas eu queria mais, porque você vai trabalhando, vai conhecendo outras pessoas, entendendo outras coisas e eu pensava: 'Quero isso para mim também.'"[7]

Foi seguindo assim, até começar a observar o movimento de uma loja que vendia açaí próxima ao restaurante onde trabalhava. Pensou que seria um bom produto para trabalhar e, como um parente já tinha tido experiência com a fruta, resolveu arriscar. Como o investimento era baixo, pegou um dinheiro que vinha juntando para comprar um carro usado e deu início a seu sonho. Foi até outra loja pequena, na vizinhança do bairro Califórnia, periferia de Belo Horizonte, que já tinha funcionado com o açaí, cujo negócio não tinha dado certo. Com a percepção própria do empreendedor, fechou o aluguel do imóvel e foi informar ao então patrão sobre sua saída do emprego.

Montou a loja comprando muitos itens usados e alguns emprestados. Conversou com pessoas que já tinham trabalhado com o produto ou conheciam o ramo, buscou dicas, contatos e parcerias. "Então, eu liguei para o fornecedor, que até hoje é meu parceiro, porque a gente não precisa só saber trabalhar e ter um produto legal, não, a gente tem que ter parceiros nessa caminhada, senão você não aguenta, não."[8] Após essas conversas, Luiz Fernando finalizou as preparações e inaugurou a primeira loja em outubro de 2014.

No início, trabalhava sozinho até que seu cunhado foi trabalhar com ele. Cinco meses após a inauguração, viu que o negócio estava rendendo, e decidiu abrir a segunda loja, na comunidade do Cabana, também na periferia de BH.

Alguns dos diferenciais do Açaí Compartilhe Sabor (Açaí CS) são o sabor, a qualidade do produto e dos seus acompanhamentos, e o preço. Mesmo trabalhando com produtos de primeira, Fernando sempre prezou por manter o preço justo. Além disso, as lojas estão sempre funcionando, dentro e até fora do horário previsto, quando há clientes. A disciplina com os horários no atendimento ao cliente é uma referência importante para ele.

Sobre o Uso da Tecnologia no Negócio

Fernando era descrente da utilização da tecnologia, ou mesmo da entrega no endereço do cliente, em função do formato do seu produto, até que foi "provocado" por um concorrente que começou a fazer tele-entregas, insinuando que o Açaí CS iria à falência. Decidiu mudar e começou também a receber pedidos pelo telefone: "Aí, no primeiro dia, deu 10 pedidos, passou para 15, 20 pedidos, aí começou a agarrar por causa de motoqueiro."[9]

O fenômeno do crescimento, concomitante ao de adaptação, foi se repetindo, como é normal nas empresas criativas e flexíveis. Começou a receber os pedidos também pelo WhatsApp pessoal, mas o serviço de entrega evoluiu tanto que o empreendedor precisou passar a trabalhar em outro lugar, onde ainda hoje é a fábrica do Açaí CS.

Com o aumento da procura, a ferramenta já não suportava o atendimento. Os clientes passaram a esperar muito pela entrega, em torno de 45 minutos, acontecendo o mesmo quando mudou o WhatsApp para a versão comercial.

Diante da dificuldade, Fernando pesquisou e viu que algumas lojas utilizavam aplicativos para fazer as entregas. Dessa forma, o cliente conseguia fazer um pedido com poucos cliques. Pesquisou e encontrou uma empresa que desenvolveu o projeto. A expectativa era grande.

Após a instalação, desativou todas as outras formas de pedido, tanto por telefone quanto pelo WhatsApp, informando aos clientes cadastrados sobre a chegada do aplicativo. Aproveitou o lançamento e divulgou a nova plataforma também para pessoas desconhecidas, fora da cartela de clientes. O sucesso foi imediato, com mais de cinco mil downloads em uma semana. Em função dos atropelos por excesso de demanda, a única adaptação necessária foi a suspensão da entrega aos domingos.

O custo do aplicativo foi relativamente baixo (R$800,00 pelo desenvolvimento + mensalidade). Fernando preferiu esse investimento a utilizar plataformas de terceiros, em função das taxas cobradas. Para ser rentável, precisaria aumentar o preço do seu produto. "Eles cobram 16% da venda, então, se eu colocar um açaí de R$10,00 menos 16%, eu já perdi R$1,60 no produto e mais uma taxa mensal. Então, não achei interessante e fiz um aplicativo próprio."[10]

A Descoberta do Instagram

Ao começar a divulgar o Açaí CS pelo Instagram, Fernando descobriu o alcance da força desse aplicativo. Como estava acostumado a fazer contato com jogadores de futebol e com pessoas de influência nas redes sociais, começou a difundir a marca para esses formadores de opinião: "Oi, eu sou o Fernando, tenho um delivery aqui, posso te enviar para experimentar?" Quando essas pessoas recebem e gostam do produto, costumam postar sobre o Açaí CS e a marca vai ficando mais conhecida, não só nas regiões em que tem loja física. Além dessas ações, a empresa patrocina alguns influenciadores, como um jovem, que, após 3 publicações, fez a página do negócio pular de 1.300 para quase 5.000 seguidores. O empresário entende que essas associações trazem credibilidade, pois quem abre sua página no Instagram vê que, entre seus clientes, estão pessoas de referência. Em contrapartida, nem tudo são flores: Fernando comentou que teve de começar a regrar essas parcerias para evitar pessoas com outros interesses e, além disso, precisou aprender a explorar a ferramenta para entender o público das pessoas com as quais se associa.

Com a pandemia da Covid-19, o Açaí Compartilhe Sabor, que estava à frente em função de já usar o sistema de entrega e a plataforma para os pedidos, sofreu impacto econômico menor. O atendimento presencial ficou suspenso; contudo, com o passar do tempo, o volume de vendas do balcão se converteu para o delivery, não a ponto de superar o volume que tinha antes da pandemia, mas o suficiente para manter o faturamento no mesmo nível.

De Controle a Aproveitamento de Estudantes

Henrique de Oliveira, Wendell Sullyvan e Silva e Samuel Araújo são professores, fundadores e diretores do Colégio Arena, criado em 2017 e voltado à preparação de jovens para o vestibular, instituição educacional que se tornou referência em Goiânia, apesar do pouco tempo de criação.

Líder dos três, Henrique ressalta que assimilou a carga empreendedora do pai, que nunca trabalhou como empregado, sempre foi dono do seu nariz. Relata que o uso da tecnologia vai de um propósito simples a um objetivo maior. Por meio de aplicativos e outras tecnologias conectadas, é possível estimular o aprendizado dos alunos — muito além do que apenas o controle de presença via catraca. O uso de dispositivos — como computadores, WhatsApp, celular, máquinas de cartão de crédito/débito — e de ambientes virtuais, como redes sociais e aplicativos, permitem ainda a criação de sistemas de controle, rapidez e eficiência no campo financeiro; de acompanhamento da concorrência; de campanhas de comunicação para aumentar a inscrição de alunos; e de atendimento aos estudantes e a seus pais pelo aplicativo P Mais.

A ênfase é nesse aplicativo: "Ele permite customizar o trabalho do aluno, em função de determinados erros cometidos em provas simuladas. Temos uma proposta que revisa conteúdos específicos, com teoria e exercícios complementares para cada erro."[11] Quando um dos três diretores vai conversar com o aluno sobre resultado, conversa com o P Mais aberto. O pressuposto é que a tendência do aluno é estudar o que já sabe, porque é mais fácil para o estudante ficar em sua zona de conforto, e isso atrapalha sua performance. O aplicativo ajuda a customizar o trabalho, respeitando a identidade do aluno.

Decolando de Porta-aviões

A decolagem de uma aeronave saindo de um porta-aviões leva apenas 2 segundos, a uma velocidade de 260km/h. A utilização dessa imagem figurada é para enfatizar que Rogério Salume, mencionado no Capítulo 2, alavancou sua empresa com essa rapidez "Com um ano, a Wine já estava faturando o mesmo que a Estação do Vinho no seu último ano." A Estação do Vinho foi a primeira empresa de *e-commerce* de vinhos do país, que Rogério manteve com um sócio entre 2004 e 2008.

O espírito do empreendedor tem um quê de camaleão, animal que troca de cor sem piscar o olho. O criador da Wine, empresa do Espírito Santo, é um exemplo de agilidade de movimentos: "Naquela época, não existia uma relação eletrônica de venda na internet, sem ter loja física, sem ter nenhum tipo de representante fazendo a compra, a fim de entregar em casa para os clientes. Ninguém fazia isso. Eu era um defensor ferrenho, tinha na cabeça que não vai ter loja, loja vai acabar; eu navegava nessa onda. E, obviamente, eu tinha meus conceitos e mudei, aprendi. Atualmente, a gente está envolvido em várias experiências, tanto é que hoje a gente tem lojas, foi uma evolução profissional que eu tive."[12]

Com o crescimento da Estação do Vinho, a venda online deu visibilidade ao empreendimento. "Em 2008, a gente precisava investir para continuar crescendo. Então, fizemos uma proposta para comprar ou para vender, e acabamos vendendo a Estação do Vinho e, no mesmo ano, nasceu a Wine. Como a gente já era conhecido e tinha experiência acumulada, foi fácil captar investidores de maneira estruturada, dando condições da empresa decolar rapidamente. Nossa cabeça era continuar o trabalho, o que foi amplamente divulgado na mídia, e os próprios clientes fizeram a mudança para a nova empresa."[13]

Rogério se orienta por duas premissas: relacionamento transparente com todos os parceiros — clientes, fornecedores e empregados — e logística eficiente. Sua missão é democratizar o consumo de vinho no Brasil, por meio de preços acessíveis e com entrega rápida aos clientes, e gerar prazer para as pessoas.

A Wine entrega os vinhos do Sul ao Norte do Brasil e foi o primeiro *e-commerce* a embarcá-los por avião. Para isso, foi necessário desenvolver uma nova embalagem. Antes, os vinhos só embarcavam em caixa de madeira, ou eram entregues por meio do transporte rodoviário. Para superar a dificuldade, a empresa desenvolveu a *winebox*, embalagem testada e patenteada, homologada pelas companhias aéreas. Isso gerou um diferencial competitivo e, por um bom tempo, a empresa era a única a fazer transporte aéreo.

A empresa continua em franco crescimento. No primeiro semestre de 2021, a imprensa noticiou a compra de uma importadora de vinhos, a Cantu, por 180 milhões de reais, e ainda no mesmo ano a Wine assumiu a posição de maior importadora de vinhos do país. Houve também outro avanço: a empresa passou a fazer vendas por meio do que se convencionou chamar de B2B, a venda de empresa para empresa. Com isso, vai poder comercializar vinhos para distribuidores regionais, supermercados e outros clientes.[14]

Evolução da Tecnologia

Carlos Arruda, meu colega na FDC e estudioso do assunto, chama atenção para o fato de que a digitalização é um processo muito mais amplo, com as tecnologias chegando até nós pela internet, celulares e até mesmo pelos eletrodomésticos, carros, casas e cidades.

Arruda aponta um fator crítico da digitalização: a inevitável eliminação de postos de trabalho. A Universidade de Brasília publicou um estudo,[15] sugerindo que trinta milhões de postos de trabalho serão eliminados nos próximos anos. Na indústria, robôs estão substituindo soldadores e funileiros; nos serviços de call center, robôs estão assumindo o lugar de operadores de telemarketing.

Essa onda de substituição de mão de obra por sistemas autônomos e inteligentes ganhará ainda mais relevância e impacto para os profissionais menos qualificados e para as classes menos favorecidas. Isso acontecerá quando se consolidar, em todo o Brasil, o fim de serviços urbanos, como os cobradores de ônibus (terceira profissão com maior chance de ser substituída segundo o estudo), caixas de supermercados, balconistas, frentistas, coletores de lixo urbano e outros.

Se, por um lado, as novas tecnologias eliminarão milhões de postos de trabalho, por outro, os recursos digitais se tornarão, a cada dia, canais essenciais de comunicação e venda pelos empreendedores da base da pirâmide. Diversas plataformas eletrônicas e redes sociais, como Facebook, WhatsApp, YouTube, Instagram, e TikTok, estão sendo extensivamente usadas para oferecer produtos e conectar empresas com seus clientes. Bancos digitais e sistemas eletrônicos oferecem pagamentos, transferências e outros serviços sem custo e sem exigências de renda mínima para seus clientes.

Outras oportunidades geradas pela digitalização e turbinadas pela pandemia da Covid-19 estão associadas à expansão do comércio eletrônico e às entregas domiciliares. Serviços como Rappi, Mercado Livre e Ifood exigem apenas que o prestador de serviços tenha um meio de locomoção, um smartphone com acesso à internet e uma conta bancária. Pedreiros, bombeiros e eletricistas autônomos estão se acostumando a acessar o YouTube em seus celulares para aprender como fazer diversos procedimentos/processos com os quais não estão familiarizados.

Carlos Arruda tem a percepção de que a digitalização, apesar da redução dos postos de trabalho em funções repetitivas e analógicas, traz oportunidades de aceleração e simplificação das atividades de comercialização de produtos e serviços, de "bancarização", de treinamento e, oportunamente, de educação dos empreendedores da base da pirâmide.[16]

Nas entrelinhas, o que se torna evidente é que a digitalização pode passar a ser parte da inclusão social. Exemplos, como a iniciativa da Prefeitura de Belo Horizonte e do Ministério de Ciência, Tecnologia e Comunicação, associados à boa vontade e ao sentimento de solidariedade demonstrados por moradores locais, podem pavimentar a caminhada pela inclusão social via inclusão digital.

Capítulo 9

Despertar De Uma Potência Abandonada

As favelas eram comuns antes do início do século XX nos Estados Unidos e na Europa. Em Nova York, em 1825, foi criado o que se acredita ter sido o primeiro assentamento do tipo no mundo. A *Five Point*, ocupada sucessivamente por escravos libertos e imigrantes, abriga hoje os movimentados bairros de *Little Italy* e da *China Town*.[1]

Um século depois, no Brasil, elas ainda abrigam um número entre 11,4 e 13,6 milhões de pessoas, o que equivale à população da cidade de São Paulo. A pandemia da Covid-19 somada à inércia econômica fez proliferar na cena urbana, ainda mais, a quantidade de abrigos cobertos por lona, protegendo indivíduos e famílias em situação de penúria. Mais do que nunca, a indiferença parece estar na raiz dessa realidade.

Por muitos anos, a Fundação Dom Cabral e seus colaboradores têm se empenhado na realização de projetos sociais, que vão de campanha de prevenção contra o câncer à capacitação de pessoas carentes para criação de pequenos negócios. Essas iniciativas ganharam maior robustez com a criação do FDC — Centro Social Cardeal Dom Serafim, que passou a capacitar empreendedores da base da pirâmide, denominado Movimento Pra>Frente, entre outras atividades.

É uma experiência que vem sendo bem-sucedida desde a época da plena pandemia, como explica Ana Carolina Santos de Almeida, sua responsável. "Em 2020, o Pra>Frente selecionou e desenvolveu 55 mulheres da favela de Paraisópolis (SP). Nós fizemos uma ação e contamos com muita gente para fazer acontecer."[2] Foi uma experiência de aprendizagem à distância com 24 horas de conteúdo que contou com o apoio de várias instituições e pessoas e um campeão da causa, Elie Horn, fundador da Cyrela.[3]

Durante um encontro virtual, ele interagiu com uma dessas empreendedoras, Maria Lima Schever, supervisionada pela *decoladora*[4] Norma Rangel. Antes da pandemia, Maria trabalhou como cozinheira. Ela diz que, de lá para cá, tudo aconteceu de bom na vida dela. "Eu me tornei uma empreendedora, uma microempresária." Ela passou a fazer marmitas de feijoada às quartas-feiras e aos sábados. Conta que organiza tudo antes: "Ligo para as pessoas e já combino quem quer. Aí já faço a quantidade certa, deixando sempre uma sobrinha, pois sempre aparece alguém na última hora." Ela conta que Norma lhe ensinou muitas coisas. Como planejar os gastos, por exemplo, coisa que ela não sabia. E diz que não quer desistir. "Quero ter um lugar maior para trabalhar e ter dois ajudantes: um para a entrega e outro para me ajudar na cozinha. Assim também dou emprego para outras pessoas. Não fico 'dura' nunca mais", concluiu.

O diálogo entre o empresário — que fez fortuna construindo prédios em São Paulo e por devoção resolveu destinar recursos para causas sociais — e a nova empreendedora foi como uma consultoria em finanças:

(Norma): *A Maria já tinha cuidado com a comida, já sabia cozinhar. Fala você agora, Maria.*

(Maria): *A gente sabe fazer né. Mas cozinhar para mim e para meu filho não é a mesma coisa que cozinhar para outras pessoas. Eu faço a feijoada. Sábado consigo vender umas quinze marmitas, o melhor preço do mercado.*

(Elie Horn): *Quanto você ganha?*

(Maria): *Eu consigo cinquenta reais com elas no sábado.*

(Elie Horn): *Por quanto você vende?*

(Maria): *Estou vendendo a partir de quinze reais. Dependendo da mistura que a pessoa pede, eu passo o valor. A feijoada está saindo muito mais do que a marmita que eu ganho por dia. Fazendo a soma eu consigo tirar os 100 reais, agora, e 200 no sábado são 700 no resultado; 7 vezes, 2.800 reais por mês.*

(Elie Horn): *O que você faz com o dinheiro?*

(Maria): *Eu não pago aluguel, tenho que abastecer (comprar insumos) a minha casa. Eu trabalhava numa empresa, fiquei lá uns seis anos; entrei para auxiliar de limpeza. Ganhava 1.500, com os descontos sobrava 1 mil.*

(Elie Horn): *E, agora, quanto ganha?*

(Maria): *Agora muito mais porque tô trabalhando para mim. Agora eu posso cuidar dos meus filhos, porque tô mais em casa, então é uma realização. Eu falo que o projeto veio para me ajudar muito.*[5]

Com o estímulo de Elie Horn, o apoio de outras instituições e a presença da FDC em todo território nacional, por meio de seus associados regionais, a experiência está sendo expandida em vários estados, junto a empresários locais, a fim de prover os meios necessários para a capacitação de milhares de empreendedores populares.

Quando a Favela Fala, É Melhor Ouvir

Tempos depois, o fundador da Central Única das Favelas (CUFA) e outras lideranças do segmento publicaram um manifesto advertindo para o caos social no país. "Quando a favela fala, é melhor ouvir — risco de caos social não é ameaça, é alerta", advertiram o fundador, o atual presidente da CUFA e o presidente da Gerando Falcões em um artigo na *Folha de S. Paulo* em março de 2021. Em seguida, no estilo de grandes empresas, especialmente as multinacionais, reinseriram o texto como informe publicitário, no mesmo jornal. Celso Athayde, Preto Zezé e Edu Lyra expuseram de maneira crua a situação dos habitantes das sete mil favelas do Brasil, a maioria pretos, pardos e pobres: "Manter o distanciamento social e lavar as mãos com sabonete não é para quem quer — é para quem pode e eles não podem." Procuraram um meio de "sensibilizar a sociedade para a triste desigualdade da qual somos vítimas. Todos, sim, porque ninguém estará seguro se vierem, quando vierem, o caos social e suas consequências nefastas".

Com um quê de ironia lembram que "os favelados continuam insistindo em comer todos os dias, querem se higienizar... e desejam máscaras". Propõem um pacto para evitar o pior: "Não podemos continuar fracassando como país e sociedade na construção de uma coalizão política, social e empresarial para vencer a Covid-19. Por isso queremos ações que tenham efeito prático."[6]

O fundador da CUFA parece ter amadurecido para outra perspectiva claramente capitalista utilizando métodos gerenciais e enaltecendo o potencial do segmento que lidera: "Os favelados são empreendedores natos... É preciso que a sociedade reconheça a potência desses territórios e, cada vez mais, gere oportunidades para seus moradores desenvolverem suas habilidades e sua criatividade."[7]

Sua habilidade de comunicação associada ao interesse da mídia foi aos poucos abrindo mais espaço em veículos impressos e na própria televisão, tornando-se íntimo de celebridades da TV, como Luciano Huck. Em fins de 2021, passou a assinar uma coluna de página inteira na revista *Exame*. A primeira edição com o título "Favela é potência, não é carência" explica sua frase-conceito de que as empresas precisavam enxergar as oportunidades presentes nessas comunidades e reconhecer o esforço para tornar a favela respeitada com seu PIB anual com volume de renda maior que grande parte dos estados da federação.

A persistência, o trabalho diuturno e a vocação nata superam as dificuldades encontradas no caminho das organizações de relevo, como vimos ao longo deste livro.

Escola de Negócios da Favela

Em abril de 2022, o país assistiu a um evento de dimensão nacional comprovando a longa caminhada da CUFA. Idealizada por Celso Athayde — fundador e CEO da Favela Holding (grupo com mais de vinte empresas de base periférica), a Expo Favela reuniu cerca de trinta mil pessoas que se aglomeraram no World Trade Center, importante centro econômico de São Paulo, com 36 horas de programação que conectaram empreendedores de favelas com os chamados investidores do asfalto, que participaram de rodadas de negócios, oficinas e de uma plataforma de apoio e desenvolvimento do empreendedorismo de base popular no Brasil. O evento foi também o embrião da *Escola de Negócios da Favela*, com o apoio educacional da Fundação Dom Cabral, que receberá a inscrição de empreendedores de comunidades periféricas de todos os estados brasileiros.

Foi acertada uma parceria entre a FDC, a CUFA e a Favela Holding para dar origem à primeira Escola de Negócios da Favela que já nascerá com vinte mil alunos na plataforma tecnológica desenvolvida pelo Movimento Pra>Frente. Os dez finalistas da Expo Favela receberam um curso feito sob medida para alavancar seus negócios e captar investimentos.

"Dinheiro para esses negócios é um problema. Mas o grande problema é a falta de formação. Muitos desses empreendedores estariam muito mais desenvolvidos se tivessem uma escola de negócios dentro das favelas", analisa Celso Athayde. Para ele, o que falta é "esse dialeto do mundo empresarial e do mundo dos investidores estar democratizado, para que esses empreendedores estejam cientes dessa linguagem".[8]

Caos Social em Potência Empreendedora?

Os dados da pesquisa "Economia das Favelas — Renda e Consumo nas Favelas Brasileiras", desenvolvida pelos institutos Data Favela e Locomotiva, sugerem essa potência: seus moradores movimentam R$119,8 bilhões por ano. Um dos responsáveis pelo levantamento, Renato Meirelles, percebe que as pessoas enxergam a favela só como território da violência e pelas questões negativas, como a falta de segurança, "e o que falta é oportunidade". Isso "alimenta o preconceito que os moradores do asfalto têm da favela, criando barreiras para que esse mercado consumidor consiga atingir produtos de boa qualidade... e seus moradores... tenham boas oportunidades no mercado de trabalho".

Paradoxalmente, o levantamento revela que eles estão otimistas com suas vidas pessoais tanto do ponto de vista financeiro quanto nas esferas da saúde, familiar, afetiva e física (entre 84% e 71%). Esse otimismo "pode ser explicado pela crença no seu esforço pessoal, chamando para si a responsabilidade, ancorado pela fé e pela família. O percentual que acredita em contribuição do governo federal é mínimo (apenas 5%)".[9]

Finalizando, Meirelles diz que, depois de tanto tempo "com uma atribulação política muito grande, eles não acreditam mais que a solução virá de fora, eles não têm mais tempo para esperar políticas públicas para melhorar de vida. Os moradores das favelas estão empreendendo, correndo atrás do próprio negócio e chamando para si a responsabilidade pela própria vida. Isso não é um cenário ruim, mas é fruto não apenas da vontade empreendedora, mas também do descrédito que a população da favela passa a ter com as instituições".[10]

Convém, sim, ouvir o alerta dos líderes comunitários, mas o resultado da pesquisa levanta a hipótese dessa mudança de atitude se sedimentar com o tempo, indicando uma evolução cultural na linha do que discutimos no Capítulo 4: "É uma maneira nova de agir baseada na frequência e no sucesso de uma ação que as pessoas não vão pensar em agir de outra maneira."[11]

Parece que seus moradores estão tomando consciência da sua importância no mercado consumidor e no meio cultural, levando-os a olhar para dentro dos muros da comunidade a que pertencem com um espírito desenvolvimentista. É uma forma de resistência, sobretudo, de sobrevivência, de autonomia e de independência. Estão desenvolvendo comércio e serviços próprios, formalizados e não formalizados, passando a consumir produtos e serviços gerados, prioritariamente, na própria comunidade.

De maneira geral, esse promissor mercado de consumidores está passando a interessar cada vez mais às empresas comerciais e aos bancos. Até mesmo a maior rede de televisão brasileira tem inserido, em sua grade de programação, novelas cujos cenários são favelas e outros programas específicos para as comunidades, em que são abordados a cultura e o empreendedorismo existentes.

Gilson Rodrigues (um dos quatorze filhos de uma mãe surda), presidente da Favela Paraisópolis e coordenador nacional do G10[12], criou um banco digital — o G10 Bank, como forma de "levar a inclusão financeira para comunidades pobres, com cartão de crédito, maquininhas de captura de transações, empréstimos e poupança".[13] O projeto-piloto será em Paraisópolis (SP). "Mas a ambição é criar um banco digital sob o conceito de economia circular nas comunidades. Haverá contas de fomento ao comerciante local para que as pessoas consumam na região e gerem novas oportunidades para o empreendedor nas localidades em que a política pública é falha. A ideia é ser a maior rede de apoio aos micros e pequenos negócios nas favelas brasileiras, onde o crédito formal não está chegando."[14]

Outras Experiências

O Fa.Vela, entidade do Morro do Papagaio, na região do Aglomerado Santa Lúcia, em Belo Horizonte, oferece educação empreendedora e desenvolve metodologias de ensino, trilhas de inovação e impacto social preparando pessoas para o futuro do trabalho. Em 2020, introduziram atendimentos remotos, geração de conteúdos e experiências digitais, com divulgação nas redes sociais buscando impulsionar a transformação digital de pequenos empreendimentos.

João Souza, um dos idealizadores do Fa.Vela destacou a história da Gilmara Elisa: "Ela desfilava pelas vielas da favela com aquele cabelo lindo, *black power,* e ela acabou por abrir um SPA com parceiros: fotógrafos, maquiadores e outros profissionais de beleza. Seu negócio tornou-se um sucesso."[15]

Outra iniciativa é a ONG Favela é Isso Aí,[16] criada com o objetivo de proporcionar a construção da cidadania a partir do apoio à arte e à cultura da periferia, já publicou mais de vinte livros de arte e artesanato, receitas, literatura, ensaios, urbanismo, promoção social, cidadania e registros de grupos culturais. A ONG tem contribuído para: a redução da discriminação em relação aos moradores de vilas e de favelas; a geração de renda para os artistas; prevenir a violência; e facilitar o acesso ao mercado cultural. Para isso, criou várias áreas de atuação: Agência de Notícias *Favela é Isso Aí*, a Editora Coleção Prosa e Poesia no Morro, o Núcleo Audiovisual para produção de vídeos para artistas da região, desenhos em quadrinhos e também o Estúdio Comunitário para gravação, distribuição e assessoria dos artistas das vilas e das favelas. Sua atuação se estendeu para o interior de Minas e para outros estados.

E a Elite com Isso?

Vozes relevantes, aqui e no exterior, estão despertando a consciência dos não convencidos: "A gravidade da crise vai requerer esforços de todos nós. A solidariedade deve começar pelo exemplo da elite", sugerem Marcos Lisboa, ex-presidente do Insper, e Armínio Fraga, sócio da Gávea Investimentos. Milionários e bilionários de países desenvolvidos pedem de maneira incisiva: "Aumentem impostos sobre pessoas como nós. Imediatamente. Substancialmente. Permanentemente." "Ao contrário de dezenas de milhões de pessoas em todo o mundo, não precisamos nos preocupar em perder nossos empregos, casas ou capacidade de sustentar nossas famílias. Então, por favor. Taxem-nos. É a escolha certa. É a única solução."[17]

A maioria do povo brasileiro (56%) apoia a elevação de impostos para reduzir a desigualdade,[18] enquanto o professor de Economia, Paulo Feldman, propõe a forma: "Via reforma tributária, super-ricos precisam entrar com a sua cota de sacrifício."[19] Oded Grajew, presidente emérito do Instituto Ethos, chama atenção para as vantagens da diminuição das desigualdades e da pobreza para o poder econômico: "É uma estupidez não construir um mercado interno muito maior."[20] A OCDE — Organização para a Cooperação e Desenvolvimento Econômico — é mais uma voz que se levanta: "A tributação sobre herança é o imposto certo na hora certa para o pós-pandemia." A medida agiria sobre "um dos principais motores da desigualdade de renda e de oportunidades".[21]

Hora de Repensar o Capitalismo e o Brasil

Em décadas passadas, Josué de Castro[22] lembrou que: "Enquanto metade da humanidade não come, a outra metade não dorme, com medo da que não come. A fome não é um fenômeno natural, e sim um produto artificial de conjunturas econômicas defeituosas. Um produto da criação humana e, portanto, capaz de ser eliminado pela vontade do próprio homem. Ou salvamos o mundo dando pão aos que têm fome ou pereceremos todos sob o peso esmagador do ouro acumulado à custa da fome e da miséria de dois terços de nossos semelhantes."

Paulo Paiva, professor da FDC e ex-ministro do Trabalho e do Planejamento aponta alguns dos problemas crônicos do capitalismo: "Acho que estamos (não só no Brasil) em uma encruzilhada do capitalismo. Ou se reinventa e incorpora o equilíbrio entre o bem-estar do indivíduo (liberdade individual) e o bem-estar comum (responsabilidade coletiva) ou não terá muito futuro. A questão do crescimento econômico, e em consequência do desenvolvimento, é hoje, sobretudo, uma questão ética. A desigualdade no Brasil é vergonhosa para um país com as riquezas naturais que tem e o tamanho da economia."[23]

Capítulo 10

Opção Pelo Empreendedor De Baixa Renda

Choró, um antigo povoado do semiárido cearense, só ganhou status de cidade em 1992, quando, em período prolongado de seca, o governo construiu um açude para acudir a população e salvar o algodão, o caju, o milho e o feijão, bases da economia local. Dia a dia, uma menina, quase moça, fazia o trajeto do açude até sua casa com uma lata d'água na cabeça para que a família tivesse o que beber e do que se alimentar. Fome não passavam porque os pais viviam da roça e a mãe cozinhava o feijão, acrescentava cuscuz, juntava tudo, amassava em "capitão", um bolinho de comida feito com a mão, e dava na boca dos cinco filhos. Apesar dos pais analfabetos, a mãe percebia a importância do estudo e a incentivava a ir à escola em Quixadá, a 12km de distância. À noite, sem luz na moradia, a adolescente fazia o dever de casa com ajuda de uma lamparina.

Aos 17 anos, surgiu a grande chance: foi morar com a tia em Fortaleza. Dezesseis anos depois, apesar da sua epopeia envolvendo trabalho, estudos online, baques — como assaltos, pré-falência e a própria limitação da origem adversa —, prevaleceu a vontade de vencer. Hoje, Maria Silviane Pereira da Silva é dona de duas óticas e está prestes a abrir uma terceira, todas no Ceará. O que mais chama atenção na sua experiência é a construção de valores de vida, a aguda visão de empreendedora e a surpreendente superação dos limites de origem.

Cada Cabeça uma Sentença

Cada experiência de vida é uma tessitura de circunstâncias e contextos particulares e, por isso, única. Não existem dois casos iguais e, quanto maior a diferença, mais podemos aprender com a experiência de cada empreendedor.

A diferença do contexto cultural de Choró em relação à cidade paulista de Presidente Prudente é maior do que os 2.800km que separam as duas cidades. A língua portuguesa é comum, mas a geografia, o clima e os componentes culturais, inclusive o dialeto local, são distintos.[1]

No interior do estado de São Paulo, em Álvares Machado, perto de Presidente Prudente, nasceu um menino que, ainda criança, demonstrava ânsia por ganhar dinheiro, primeiro querendo vender sua cabra de estimação e, em seguida, catando e vendendo ferro-velho para realizar um sonho: ter uma pipa que voasse tão alto quanto sua imaginação. Anos depois, já contínuo em um banco na cidade de São Paulo, Adelson de Sousa acompanhou os colegas em excursão ao Paraguai e, com o pouco dinheiro que tinha, comprou calças italianas, relógios femininos e outras quinquilharias. Na volta, vendeu tudo para os vizinhos, arrecadando mais do que o salário como empregado.

Não pensou duas vezes: pediu demissão do banco. Foi inconsequente, reconhece, mas quis mudar sua vida e foi aí que virou sacoleiro, continuando a comprar bugigangas no Paraguai e se envolvendo em negócios cada vez mais arriscados. Na época, conheceu uma jovem, também sacoleira, que vislumbrava a oportunidade de fazer negócio no garimpo no Rio Madeira, no estado de Rondônia. Dando vazão a seu ímpeto, acompanhou-a e descobriu uma mina: começou vendendo aos garimpeiros relógios nacionais, comprados no centro da cidade de São Paulo e logo descobriu um negócio mais promissor, a compra e venda de ouro do garimpo. Assim, de volta a São Paulo, de tentativa em tentativa, chegou ao ramo sofisticado dos computadores e, com o tempo, ao negócio editorial e de organização de eventos, envolvendo empresas e profissionais de várias áreas, particularmente de tecnologia.

Adelson de Sousa liderou, recentemente, por meio da IT Mídia, empresa fundada por ele, o Movimento Brasil Digital, uma iniciativa com participação de empresas, associações, especialistas e amplo diálogo com ministros de estado, governadores, senadores e deputados, em busca do sonho de transformar o Brasil em um país inovador e inclusivo.

Sua parecença com Maria Silviane se resume ao nascimento na roça e em família de pouca posse, e o fato de a sua esposa ser filha de pais cearenses. As diferenças são muito maiores: ela fez graduação em Recursos Humanos e pós-graduação em Psicologia e Organização do Trabalho, enquanto Adelson não passou do oitavo ano escolar com um aprendizado inconclusivo de secretariado; ela é dona de um pequeno empreendimento com as características do Nordeste; e ele, um empreendedor de alcance nacional com ramificações no exterior. A história de cada um revela aspectos essenciais para os candidatos e os já iniciados na jornada árdua, mas promissora, do próprio negócio.

Estímulo e Perseverança

Em Fortaleza, Maria Silviane foi morar na casa da tia e rapidamente arrumou um emprego de meio expediente. A casa era alugada e ela não demorou a conhecer o lado perverso da vida: a moradia foi roubada e perdeu todos os seus pertences. E não seria a única vez que passaria por esse desgosto.

O baque não a desestimulou. Lembrava do incentivo e da garra da mãe para seguir em frente. "É muita cara de tacho... tem corpo mole, não", costumava falar dona Antônia Pereira, querendo dizer: "Tenha vergonha de não fazer nada, escorando-se nos outros." Mudaram de casa e Silviane arrumou emprego na Carlene Ótica, uma rede de seis lojas e, persistente, resolveu entender a fundo o negócio da empresa. Nas horas de folga, fazia cursos online para se aperfeiçoar no trato com as pessoas e logo foi estimulada a implantar a área na empresa em que trabalhava, atendendo e ouvindo os clientes de maneira comprometida, deixando claro o seu propósito de vida: "Cuidar da saúde visual das pessoas." Já casada com Diego Sena, professor de Educação Física, e grávida, continuou os estudos fazendo uma pós-graduação também online.

A vida familiar e profissional caminhava a contento, quando surgiu um imprevisto que redirecionou sua carreira: seu patrão anunciou que ia fechar duas das seis lojas, incluindo a unidade em que ela trabalhava, por isso seria demitida.

Na língua chinesa, a palavra crise é a junção de dois vocábulos: problema e oportunidade. Ouviu, então, o incentivo do marido: "É nisso que você se aprofundou e gosta. Por que não abre a sua ótica?"[2] O próprio patrão também a incentivou e ela se convenceu a abrir sua própria loja. Inspirado no seu nome, o antigo empregador sugeriu o nome do novo estabelecimento: Silvia Ótica. Ela não pestanejou: "Peguei a rescisão, vendi a moto e abri o negócio em Fortaleza."[3]

O dito popular "o raio não cai duas vezes no mesmo lugar" costuma ser ilusório. O roubo na casa da tia já tinha caído no esquecimento, quando Silviane passou pelo mesmo desgosto na nova loja: foi assaltada e levaram quase tudo. Pensou em desistir, pois o capital que tinha foi usado para abrir o negócio, mas se refez e tomou a decisão de levar o negócio para a sua cidade natal. Satisfeita com o resultado e sentindo-se mais segura com a experiência anterior de atendimento em domicílio e o aprendizado adquirido, disse: "Parecia barata tonta, correndo para diversos lados de Fortaleza, indo de casa em casa em diversos bairros..."[4] Surgiu a vontade de reabrir a Silvia Ótica na capital. Veio, então, um novo baque — "...paguei pelos móveis da loja, mas não chegaram, o fornecedor nunca me entregou."[5] — que não a desanimou.

Mesmo com a reputação de ser o apoio mais bem-sucedido do país para pequenos negócios, ela tinha medo de recorrer ao CrediAmigo do Banco do Nordeste[6] e ficar inadimplente porque tinha um nome a zelar. Lembrava-se da mãe dizendo: "A gente é pobre e tem de zelar pelo nome", até que uma vizinha resolveu criar um grupo com quatro microempreendedores solidários de confiança. Formaram o grupo e o CrediAmigo passou a financiar a ampliação do seu negócio.

Com o tempo, o faturamento foi crescendo. Quando começou, faturava entre 10 e 12 mil reais por mês. Logo, a soma das duas lojas já chegava a 35 mil reais mensais. Ela já tem projeto de abrir a terceira filial. Está pesquisando o mercado em Quixadá, um polo maior.

A vida do empreendedor é de dedicação e esforço em diferentes aspectos, especialmente quanto ao tempo de dedicação ao negócio. Com Silviane não é diferente: trabalha doze horas por dia, muitas vezes de segunda-feira a domingo. Costuma se levantar às 4h nos dias em que estuda, ou em que vai a Choró. O marido, seu grande incentivador, chega a reclamar do excesso de dedicação.

O sacrifício valeu a pena. Antes, ela não podia viajar com os pais: "Vamos agora viajar. Vou levar meu pai e minha mãe a São Paulo. Proporcionar isso para eles não tem preço. Estou muito feliz!"[7]

Grandeza de Visão e Atitude

De assuntos simples a questões complexas, a visão e a atitude de Silviane com relação às pessoas, ao desenvolvimento dos negócios e do país e ao papel dos empresários e do governo se destacam tanto quanto a superação dos seus limites de origem.

Lembrando de seu tempo de penúria quando criança, "...fome, meus pais não deixavam a gente passar, mas via o sacrifício que faziam para comermos algo...",[8] hoje, quando seu filho deixa sobra de comida, a empreendedora não aceita. Educa-o para nunca deixar comida no prato.

Convida as amigas, outras empresárias, para a troca de ideias sobre conhecimento e experiência nos negócios. Os princípios básicos de gestão que procura transmitir são próximos dos ensinamentos de pensadores da empresa moderna, dando ênfase à cooperação, ao conhecimento e à tecnologia: "Preciso compartilhar o que sei para que possa aprender mais."

Diante da evidência de que a pobreza afeta os negócios e de que a melhoria das condições de vida da população carente beneficiaria as empresas, sua opinião é de que, para que todos cresçam, o Brasil precisa se desenvolver. Reconhece que essa responsabilidade não é exclusiva do governo: "Acredito que o empresário deve contribuir. Como vou cobrar desenvolvimento, se não partir de mim? A obrigação é de todos. Precisa partir do empresário e da comunidade."[9] Seu pensamento é semelhante ao do também empresário cearense Honório Pinheiro, citado no Capítulo 1: "Essa questão deveria entrar na pauta do empresariado, e mudar essa realidade é uma questão urgente. O objetivo de reduzir essa desigualdade não é a prosperidade dos negócios, mas, sim, focar a vida dos que são excluídos, até do básico, devido à extrema desigualdade na distribuição de renda."[10]

A reação de Silviane ao tratamento do poder público com ambulantes e camelôs que poderiam concorrer com seu comércio é exemplar: *o sol nasceu para todos*. No lugar de retirá-los à força das ruas e ser implacável na sua proibição, sugere o bom senso, regulamentando espaços nas ruas para sua atuação e tratá-los de maneira diferenciada a fim de facilitar a sua regularização. Exatamente como agiu a Prefeitura da Cidade de São Paulo, com bom resultado, à época do prefeito Bruno Covas. Postura diferente teve a prefeitura de Belo Horizonte, que, na mesma época, transferiu os camelôs para shoppings populares, sem muito sucesso.

Desejo Irrefreável

A atitude determinada e desenvolta da mãe serviu de ímpeto para a semente comercial de Adelson de Sousa, mas foi seu avô materno, um imigrante italiano, quem exerceu influência fundamental na definição de seu padrão psicológico e do seu futuro. Exímio contador de histórias, as suas narrativas inebriavam a cabecinha sonhadora do menino, que o via como um herói. Por outro lado, o malogro do herói costuma causar desgosto para quem o idolatra. A fracassada tentativa do avô de criar condições prósperas para a família formada por sua esposa e treze filhos gerou no neto um inconformismo irrefreável a ponto de levá-lo a uma sucessão de investidas ousadas e repletas de risco. O infortúnio do avô serviu de impulso para Adelson criar um futuro diferente; e tinha de ser a tempo de o avô ver o neto realizado ainda em vida.[11]

A sensação de morte foi outro ingrediente determinante no estado de espírito de Adelson. Antes mesmo de nascer, essa impressão rondou o seu futuro quando o irmãozinho perdeu a vida prematuramente e quando, ele próprio, aos 3 anos, flertou com a sensação de falecimento. Um caroço de melancia entupiu a passagem de ar para seus pulmões, causando uma bronquite, que deu a ele a sensação de morte iminente por um longo tempo. Já adulto, os episódios relacionados à incômoda sensação continuaram, na tentativa de seu assassinato a facadas por um amigo de infância, querendo se apossar do seu carro, e, tempos depois, ao ser advertido por um psiquiatra de que uma ex-namorada poderia se transformar em sua homicida por não aceitar o fim do caso amoroso.

Adelson começou trabalhando como catador de ferro-velho aos 7 anos e depois como feirante até os 17 anos quando, já na cidade de São Paulo, conseguiu emprego como contínuo em banco, até que sua chefe o convidou para uma excursão ao Paraguai e ele voltou de lá como sacoleiro, negociando os produtos contrabandeados, primeiro em São Paulo, depois no garimpo no rio Madeira. Nem o risco de cair nas mãos de justiceiros, ou de contrair malária, foram impedimentos para que Adelson continuasse a agir por impulso, em diversas iniciativas temerárias para ganhar dinheiro.

Espírito Indomável

É dele a explicação sobre o porquê de agir assim: "O empreendedorismo dos brasileiros é por necessidade... no meu caso, era mais do que isso: queria realmente vencer. Vencer e fazer um movimento social importante. Na minha cabeça, nunca foi simplesmente para suprir algo para minha vida... foi para entregar algo a mais do que aquilo de que eu necessitava."[12] Esse "algo a mais" só foi se tornando claro com o tempo.

Até os 30 anos, Adelson confessa que foi pouco racional: "Foi uma fase em que o instinto de fazer saía do inconsciente e, quando eu via, já estava fazendo. Era uma coisa inacreditável, e, aí, eu ficava nessa luta comigo mesmo... eu me via pondo uns desafios, alguns irresponsáveis... maiores do que eu podia carregar, só que, no final, eu acabo fazendo, juntando um monte de gente boa em volta, e a coisa dá certo."[13]

O que o ajudou nesse processo de domínio de si mesmo, provavelmente ainda em curso, a criar condições para viabilizar iniciativas de vulto e de projeção nacional? Terapia e aconselhamento, o sócio e a esposa. A terapia e o aconselhamento, segundo o empreendedor, deveriam ter começado mais cedo. O sócio, porque o complementava, incentivava e ensinava. Cássia Meireles, a esposa, filha de pais cearenses, pela cumplicidade, compreensão e perdão, sempre.

Miguel Petrilli entrou na sua vida em 1989, pelo interesse comum em computadores. Aproximaram-se, porque Adelson fazia a integração e a venda de computadores, e o futuro parceiro era gerente do centro de computação da hoje Novartis.

Em 1991, fundaram a primeira empresa em sociedade. A Editora Rever se dedicava a publicações sobre informática e, em pouco tempo, resolveram dar um salto no escuro, trazendo para o Brasil a *Byte*, a mais importante revista de informática do mundo. O novo negócio exigia investimentos que iam esvaindo, pouco a pouco, as economias de Adelson, até o dia em que faltou dinheiro para pagar a folha de pagamento. Então, foi a uma feira de automóveis, vendeu seu carro e voltou com o dinheiro dos funcionários. Naquele dia, chorou muito e se perguntava: "Meu Deus, o que estou fazendo?" Miguel o tranquilizou, dizendo que estava construindo algo relevante para o futuro, para a sua família e para o país.

Adelson se vê como emocional, exímio comunicador, e com forte capacidade executiva. Miguel é o complemento: organizado, lógico e racional.

Venderam a editora para a Globo e, em 1997, abriram a IT Mídia, uma plataforma de encontros de negócios para os segmentos de finanças, saúde e tecnologia, atraindo altos executivos, vendedores e compradores para uma experiência mesclando conhecimento e negócios. Com bons temas, especialistas e personalidades (Al Gore, ex-vice-presidente dos Estados Unidos, Marina Silva, ex-senadora, entre outros) atraíam centenas de participantes. Ao longo dos anos, o tema da tecnologia foi ganhando importância, desaguando no Movimento Brasil Digital, a iniciativa embalada pelo sonho de transformar o Brasil em um país inovador e inclusivo.

Assim tem sido a jornada do catador de ferro-velho e sacoleiro do Paraguai, agora empenhado em transformar o país.

Em 2018, Adelson relatou sua vida no livro *Sonhando com Pipas*,[14] um relato denso em dramaticidade, e uma epopeia de um empreendedor nato, conforme o posfácio de minha autoria. Merece leitura para quem está interessado em identificar a origem e o perfil dos que querem criar negócio próprio, percebendo pistas visíveis sobre a origem de sua vontade férrea e o desejo incontrolável de vencer barreiras e obstáculos.

Olhando para o passado e sem a intenção de justificar sua etapa de sacoleiro do Paraguai, Adelson diz que, para parte da sociedade, pode não ser certo o que fazia: "As pessoas precisam entender o contexto que muitos brasileiros viviam. Nos anos 1980, muita gente da periferia estava indo para o Paraguai, do mesmo jeito que hoje há mulheres viajando para o interior do Brasil a fim de vender sacolas de roupas compradas no Brás, em São Paulo. Não vou falar se é certo ou errado, se paga ou não imposto."[15]

Meu olhar é que, se olharmos o contexto de milhões de desempregados, da extrema pobreza e da desigualdade existente no país, a sobrevivência só é possível com esse e outros tipos de atividades informais, como a de camelôs nas grandes cidades.

Por que Empreendedorismo para a Base Social?

Histórias como a de Adelson e de Maria Silviane despertam minha atenção e me comovem pela semelhança com a minha origem e a minha experiência de vida, em alguns aspectos.

Por que o criador de uma escola de negócios se interessaria em refletir e estimular o empreendedorismo para a base social, e não sobre o que anda em moda, quase tudo expresso em inglês, como *startup*, *fintech*, ou *scale-up*, que são objetos de estudo e de ensino nas *business schools,* e que são também importantes no processo de inovação, de produtividade e de desenvolvimento do Brasil?

Ao fim de tantos anos após criar a Fundação Dom Cabral, observando a sociedade e o mercado, dialogando com empresários e executivos, meu entendimento sobre as empresas é de que elas são elos de uma mesma corrente, formada por clientes, fornecedores, colaboradores, acionistas, a sociedade e o próprio estado. Como a força de qualquer corrente é determinada pelo lado mais fraco, a atenção das organizações deve estar focada no equilíbrio desses elos. Resumindo: é do interesse das empresas que o ambiente social, institucional e empresarial que as acolhe seja saudável para que elas possam progredir.

Uma linha adicional de raciocínio tem a ver com valores pessoais e a maneira de ver o mundo. Nascido em família de posse modesta, filho de pais que lutaram diuturnamente pela sobrevivência e por melhores condições de vida para os filhos, os casos relatados me são familiares. Com amparo de minha mãe, meu pai se empenhou em inúmeras iniciativas até quando teve força, como ferroviário, sitiante, produtor em múltiplas áreas: rural, laticínios, rapadura, artigos carnavalescos e, finalmente, como feirante, quando encaminhou os filhos menores para o comércio, alguns com sucesso. Houve momentos de desalento, quase desespero, mas não faltou força de vontade para seguir adiante.

Fui iniciado no trabalho entre os 9 e 10 anos de idade e, desde então, eu me empenho com satisfação no que faço. Ouvindo Adelson de Sousa relatar o esforço do avô com o tear, ajudando-o na comercialização dos produtos, transporto-me para a Feira dos Produtores, em Belo Horizonte, chegando com a marmita para o almoço de meu pai. Ali, eu passava o resto do dia, ora ajudando-o nas vendas, ora comercializando minhas bugigangas entre os fregueses, principalmente freguesas, que frequentavam o mercado.

Como católico praticante, meu pai era membro da Sociedade São Vicente de Paulo e socorria famílias em dificuldade, em vilas e favelas, levando alimentos e remédios comprados com dinheiro próprio, ou doados por conhecidos e amigos. Preparada por minha mãe, nossa mesa do almoço no dia de Natal era dividida com moradores de rua. Lembro-me de ajudarmos a servir os convidados. Passei minha infância e minha adolescência trabalhando e, às vezes, puxando carrinho do Mercado Central, acompanhando meu pai e meu irmão mais velho, transportando sacos pesados de mercadorias para serem vendidas na Feira dos Produtores. Nossa vizinhança era o Buraco Quente, uma favela no bairro Lagoinha, em Belo Horizonte.

Hoje, ao ver a cena dos que estão tentando ganhar a vida vendendo de tudo um pouco, em sinais de trânsito e nos engarrafamentos, eu me sensibilizo. Com frequência, compro de tudo e pago aos malabaristas pelo trabalho de nos entreter. Parto de um princípio: pode faltar emprego, mas não falta trabalho. Lembrando-me de Luiz Gonzaga, o compositor e cantor nordestino que encantou o Brasil, recuso-me a dar esmola, exceto pela clara necessidade:

"Uma esmola sô dotô/ prum home que é são/ ou lhe mata de vergonha/ ou vicia o cidadão."

Uma das cenas de mais comoção é ver catadores de papel e de outros objetos, muitas vezes idosos, empurrando pesados e enormes carros de madeira em busca do sustento diário, semelhantes aos que usávamos no trajeto entre o Mercado Central e a Feira dos Produtores, com as mercadorias compradas de caminhoneiros lá estacionados para vender na barraca do meu pai. Tenho consciência de que apenas sentimento e compaixão não oferecem solução. Atitude e ação é que fazem a diferença.

Maioridade

Como qualquer outro tipo de organização, as escolas de negócios não estão isentas de críticas. No período pós-crise financeira, que abalou o sistema econômico mundial em 2008, elas foram responsabilizadas por formar a maioria dos gerentes e diretores dos bancos que foram à bancarrota, arrastando consigo um grande número de empresas que ceifaram o trabalho de milhares de pessoas. Essa crise também foi indutora do suicídio de cerca de dez mil pessoas entre 2008 e 2011, pelo desespero da perda de emprego e de propriedades, especialmente nos Estados Unidos, no Canadá e na Europa.[16] As aulas no MBA estariam carregando a mão na eficácia e nos resultados financeiros em detrimento da estabilidade dos negócios, da lisura nas práticas gerenciais e de princípios éticos.

O questionamento subiu de tom, mais recentemente, com a conjectura de que as escolas de negócios estariam contribuindo para aumentar a desigualdade social. Eu me alinho com a advertência feita pelo professor Piet Naudé, da Stellenbosch University, na África do Sul,[17] a primeira voz a se levantar contra o elitismo das escolas, ao proclamar a hipótese do efeito advindo do fosso social nas relações de negócios.

Na Fundação Dom Cabral, temos procurado contribuir de diferentes maneiras para a mudança desse quadro, capacitando empreendedores populares e instituições do terceiro setor, desenvolvendo jovens aprendizes e concedendo bolsas de graduação e de ensino técnico para estudantes carentes com bom aproveitamento escolar, por meio do FDC — Centro Social Cardeal Dom Serafim, criado recentemente com o objetivo de contribuir para a redução das desigualdades.

Essas iniciativas ganharam força com a criação recente desse Centro dedicado à memória de nosso patrono e fundador e com a destinação de recursos próprios e de doações feitas por terceiros.

Minha compreensão é a de que, ao constituirmos o FDC — Centro Social Cardeal Dom Serafim, a Fundação Dom Cabral atingiu a maioridade na sua missão de contribuir para o desenvolvimento da sociedade.

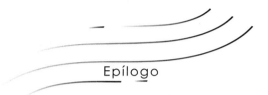

Epílogo

Neste livro, procurei percorrer a trajetória de alguns empreendedores brasileiros, a maioria sem recursos, dentro da diversidade da cultura de um Brasil continental, marcado sobretudo pela desigualdade e pela ausência do Estado junto às comunidades da periferia dos grandes centros e dos rincões do interior do país. Eu me ative, principalmente, em observar a capacidade de superação e a ousadia dessas pessoas em empreender, seja para conquistar algo grande, ou simplesmente como estratégia de sobrevivência.

Meu aprendizado, ao mergulhar na intimidade das pessoas que assumiram o desafio de criar um negócio próprio, reforçou minha convicção de que esse é um caminho para a sustentação financeira e para a autoestima, o respeito a si mesmo, a autonomia social e a dignidade humana. Essas conquistas têm outro significado, o da emancipação em relação ao setor público e ao emprego formal.

Longe de transmitir um caminho fácil, minha conclusão é de que o contexto para criar e sustentar uma iniciativa por pessoas em situação de vulnerabilidade é limitante, mas não impeditivo. As condições de ordem familiar e social, a limitação de acesso à educação e a escassez financeira, somadas às condições de precariedade institucional do país, exigem empenho, sacrifício, dedicação e persistência superiores, como foi demonstrado em algumas experiências nas várias regiões brasileiras.

Neste epílogo, rememoro os nossos entrevistados, a maioria formada por pessoas de parcos ou nenhum recurso que nasceram e desenvolveram seus pequenos negócios nas várias regiões do país, do Norte, Nordeste, Centro Oeste, Sudeste e Sul do Brasil, a maioria em pequenas vilas e cidades.

Reconheço nessas pessoas contribuições a este trabalho que soam como aulas de uma universidade popular, a partir de suas vivências. Acredito que essas experiências podem contribuir com as pessoas que desejam se aventurar e ter seu próprio negócio, seja por necessidade, seja por sonho, como eu.

Nos últimos anos, fui aprendendo que a índole empreendedora das pessoas decorre de experiências individuais vividas especialmente na infância. Cada um tem uma história própria e única. Para efeito didático, os estudiosos costumam associar inovação, criatividade, perseverança, iniciativa e outros predicados ao espírito empreendedor. A esta altura, esses predicados e a persistente labuta de meu pai não passaram despercebidas da criança que fui, e, certamente, tiveram influência determinante no meu comportamento e na minha interação social futuros. Além de predicados que vêm conosco ao nascer, as vivências, especialmente na infância, e na adolescência, parecem exercer forte influência na definição dos traços de personalidade, sentimentos e comportamento. Deixo, com os empreendedores que comprovaram que é possível superar dificuldades e limitações, as palavras finais:

Situação Socioeconômica e Empreendedorismo

O empreendedorismo dos brasileiros é por necessidade. No meu caso, era mais do que isso: queria realmente vencer. Vencer e fazer um movimento social importante. Na minha cabeça, nunca foi para suprir algo para minha vida, foi simplesmente para entregar algo a mais do que aquilo de que eu necessitava.

— ADELSON DE SOUSA, *IT MÍDIA*

Dignidade

Lembram-se do Zé Alves (*nome fictício*), que vendia pacotes de balas a R$2 nas ruas de Belo Horizonte, e, ao perceber que a compradora se equivocara pagando com uma cédula de R$100 pensando ser uma nota de R$2,00, saiu em disparada para devolver o dinheiro (reveja no Capítulo 6, Dignidade na Diversidade)? O que significa seu gesto ao devolver o dinheiro, que, pelo seu montante, superaria a venda de mais de um dia? Isso expressa o que se chama de dignidade.

Dedicação e Persistência

Dedicar-se diuturnamente à empresa. Se acordo 4h da manhã, eu pego o telefone e vou deixando a mensagem... Se não tiver persistência, esquece.

— OSCAR RODRIGUES, *GRUPO LÍDER*

Gostar de Gente

Gostar do que faz e de gente.

— DONA HELENA, *HELENA BISCOITOS*

Capacidade de Correr Riscos

Se o empreendedor não correr riscos, não souber se relacionar, não gostar de gente, vai ser qualquer coisa, menos empreendedor. Como é que vai ser empreendedor, se não gosta do risco? A empresa está orientada para o cliente, ele tem que se sentir rei. Então, como fazer para que o colaborador entregue uma experiência única, se ele não está feliz? Se ele não estiver motivado, envolvido e se sentir parte, acabou o cliente e acabou a empresa.

— ROGÉRIO SALUME, *WINE*

Gestão

Focar a qualidade. Nós não fazemos nenhum comercial que diga que vendemos mais barato que o custo. Eu não posso vender pelo custo. Eu vendo com preço justo. Para isso, eu preciso ter qualidade.

— OSCAR RODRIGUES, *GRUPO LÍDER*

Dinheiro

Não misturar dinheiro próprio com o dinheiro do negócio.

— DONA HELENA, *HELENA BISCOITOS*

Liderança

O líder não promete o que não é capaz de fazer, de jeito nenhum.

— OSCAR RODRIGUES, *GRUPO LÍDER*

Sociedade

Obter respeito da sociedade é fundamental porque a sociedade contribui com os clientes, com os funcionários e com os investidores.

— NARAYANA MURTHY, EMPRESÁRIO INDIANO, *INFOSYS*

Parceria

Ninguém vence sozinho. É possível vencer com muito trabalho, boas parcerias e inspiração divina.

— FRANCISCO HONÓRIO, *SUPERMERCADO PINHEIRO*

Como comentei anteriormente, as pessoas que sustentaram o sonho e me apoiaram mais diretamente na criação e no desenvolvimento da FDC foram Paulo Roberto Garcia Lemos e Mozart Pereira dos Santos. Por muitas e muitas vezes, eu contei a história dos três pedreiros, ao ponto de meus colegas insistirem para não recontá-la, mas, como estamos no epílogo deste livro, sinto a necessidade de relatá-la aos leitores. A história é a seguinte: ao passar por uma construção, uma pessoa vê três pedreiros trabalhando e se dirige ao primeiro deles, perguntando:

— O que você está fazendo? A resposta é lacônica: — Estou assentando tijolos. Repete a pergunta ao segundo, que responde: — Estou "levantando" uma parede. A mesma indagação é então feita ao terceiro, que, com brilho nos olhos, reage com orgulho: — Estou construindo uma catedral!

Espero que os relatos, os casos e as questões discutidas neste livro tenham sido úteis para a criação de novos negócios e para a sustentação de empreendimentos já existentes. Deixo com o leitor dois pensamentos finais, que podem estimular sua caminhada.

Sejamos razoáveis. Busquemos o impossível.

— PLATÃO

Certas pessoas veem as coisas e se perguntam: "Por quê?" Outras sonham com coisas que jamais existiram e se perguntam: "Por que não?"

— BERNARD SHAW, ADAPTADO POR MICHAEL MACCOBY

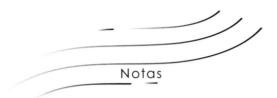

Notas

Abertura

1 BURCHARTH, Ana. Registro de reunião realizada com Fernando Dolabela, 2017.

Capítulo 1

1 Ao longo dos anos, visitei mais de uma centena de escolas nos cinco continentes, incluindo as dez citadas, para aprender e negociar acordos de cooperação.
2 Cruzeiro era a moeda da época, correspondendo, em novembro de 2021, a um valor aproximado entre R$1,24 e R$1,65. Fonte: Calculadora do Cidadão. Banco Central do Brasil. Período da conversão: dezembro de 1955 e novembro de 2021. Índice IGP-DI (FGV). Consulta realizada em 3 de janeiro de 2022.
3 SOUZA, Helena. Entrevista Helena Biscoitos. Belo Horizonte, dez. 2018 e fev. 2019. Entrevistas concedidas a Nadia Rampi e a Sônia Diegues.
4 Os autores de *Asa Branca*, o pernambucano Luiz Gonzaga, conhecido como o Rei do Baião, e seu parceiro mais constante, o carioca Humberto Teixeira, são considerados grandes nomes da Música Popular Brasileira.
5 Solonópole é o 4.002º município mais pobre do Brasil entre as 5.570 cidades do país em renda per capita. Fica a 280km de Fortaleza (CE).
6 PINHEIRO, Honório. Entrevista Supermercado Pinheiro, Fortaleza, out. 2019. Entrevista concedida a Valdemar Barros.
7 PINHEIRO, Honório. Entrevista Supermercado Pinheiro, Fortaleza, out. 2019. Entrevista concedida a Valdemar Barros.
8 PINHEIRO, Honório. Entrevista Supermercado Pinheiro, Fortaleza, out. 2019. Entrevista concedida a Valdemar Barros.
9 PINHEIRO, Honório. Entrevista Supermercado Pinheiro, Fortaleza, out. 2019. Entrevista concedida a Valdemar Barros.
10 PINHEIRO, Honório. Entrevista Supermercado Pinheiro, Fortaleza, out. 2019. Entrevista concedida a Valdemar Barros.
11 RODRIGUES, Oscar. Entrevista Grupo Líder, Manaus, out. 2019. Entrevista concedida a Geovana Ribeiro.
12 RODRIGUES, Oscar. Entrevista Grupo Líder, Manaus, out. 2019. Entrevista concedida a Geovana Ribeiro.

Capítulo 2

1 ALMEIDA, Emerson de. 2022. [Adaptado da obra de]. KOUZES, James M.; POSNER, Barry Z. *Credibilidade: como conquistá-la e mantê-la perante clientes, funcionários, colegas e o público em geral.* Rio de Janeiro: Campus, 1994. p. 127.

2   SALUME, Rogério. Entrevista Wine, via plataforma digital, set. 2020. Entrevista concedida a Luiza Fagundes e a Sônia Diegues.
3   SALUME, Rogério. Entrevista Wine, via plataforma digital, set. 2020. Entrevista concedida a Luiza Fagundes e a Sônia Diegues.
4   A Hanna Co., após adquirir propriedades ricas em minério de ferro da D'El Rey e suas minas de ouro, criou a Companhia de Mineração Novalimense para explorar minério de ferro. GROSSI, Ionne de Souza. *Mina de Morro Velho: a extração do homem. Uma história de experiência operária*. Rio de Janeiro: Paz e Terra, 1981. p. 49.
5   Jornal do Brasil — Tradicional jornal brasileiro fundado em 1891. Em 2010, tornou-se o primeiro periódico brasileiro a ser totalmente digital, mas voltou a ter sua versão impressa publicada em 2018.
6   MURTHY, Narayana. Trecho da palestra realizada na reunião do Conselho Consultivo Internacional da FDC. Nova Lima, set. 2018.
7   ASSIS, Lair. Entrevista Refrigas. Bauru, out. 2019, e via aplicativo digital Zoom, ago. 2020. Entrevistas concedidas a Reinaldo Cafeo e a Sonia Diegues.
8   ASSIS, Lair. Entrevista Refrigas. Bauru, out. 2019, e via aplicativo digital Zoom, ago. 2020. Entrevistas concedidas a Reinaldo Cafeo e a Sonia Diegues.
9   ASSIS, Lair. Entrevista Refrigas. Bauru, out. 2019, e via aplicativo digital Zoom, ago. 2020. Entrevistas concedidas a Reinaldo Cafeo e a Sonia Diegues.

Capítulo 3

1   VAZ, Samir. Participação em reunião do grupo de apoio ao livro. Nova Lima, jun. 2017.
2   VAZ, Samir. Participação em reunião do grupo de apoio ao livro. Nova Lima, jun. 2017.
3   Canção de Almir Sater e Renato Teixeira.
4   VASCONCELOS, Ado. Entrevista. Belo Horizonte, fev. 2019. Entrevista concedida a Nadia Rampi e a Sônia Diegues.
5   VASCONCELOS, Ado. Entrevista. Belo Horizonte, fev. 2019. Entrevista concedida a Nadia Rampi e a Sônia Diegues.
6   VASCONCELOS, Ado. Entrevista. Belo Horizonte, fev. 2019. Entrevista concedida a Nadia Rampi e a Sônia Diegues.
7   VASCONCELOS, Ado. Entrevista. Belo Horizonte, fev. 2019. Entrevista concedida a Nadia Rampi e a Sônia Diegues.

Capítulo 4

1   CHRISTENSEN, Clayton M.; OJOMO, Efosa; DILLON, Karen. *The prosperity paradox*: how innovation can lift nations out of poverty. Nova York: Harper Business, 2019, p. 368.
2   CHRISTENSEN, Clayton M.; OJOMO, Efosa; DILLON, Karen. *The prosperity paradox*: how innovation can lift nations out of poverty. Nova York: Harper Business, 2019, p. 368.
3   GIANNETTI, Eduardo. *O elogio do vira-lata e outros ensaios*. São Paulo: Companhia das Letras, 2018. 348 p.
4   GIANNETTI, Eduardo. *O elogio do vira-lata e outros ensaios*. São Paulo: Companhia das Letras, 2018. p. 348.
5   GIANNETTI, Eduardo. *O elogio do vira-lata e outros ensaios*. São Paulo: Companhia das Letras, 2018. p. 348.
6   GIANNETTI, Eduardo. *O elogio do vira-lata e outros ensaios*. São Paulo: Companhia das Letras, 2018. p. 348.

Notas

7   GIANNETTI, Eduardo. *O elogio do vira-lata e outros ensaios*. São Paulo: Companhia das Letras, 2018. p. 348.
8   BALLOUSSIER, Anna. "Evangélicos podem superar católicos no Brasil em pouco mais de 10 anos", *Folha de S. Paulo*, Rio de Janeiro, 14 jan. 2020. Caderno Poder, p. A6.
9   FRAGA, Érica. "Crises econômicas elevam o número de fiéis evangélicos". *Folha de S.Paulo*, São Paulo, 17 dez. 2019. Caderno Mercado, p. A25.
10 BERNARDELLI, Luan Vinícius; MICHELLON, Ednaldo. "O impacto da religião no crescimento econômico: uma análise empírica para o Brasil em 1991, 2000 e 2010". *Estudos Econômicos*, São Paulo, v. 48, n. 3, p. 489-523, jul./set. 2018. Disponível em: https://www.scielo.br/j/ee/a/pfkshrDbLDyJFqcGzTfT7Tb/?lang=pt. Acesso em: 30 ago. 2021.
11 BERNARDELLI, Luan Vinícius; MICHELLON, Ednaldo. "O impacto da religião no crescimento econômico: uma análise empírica para o Brasil em 1991, 2000 e 2010". *Estudos Econômicos*, São Paulo, v. 48, n. 3, p. 489-523, jul./set. 2018. Disponível em: https://www.scielo.br/j/ee/a/pfkshrDbLDyJFqcGzTfT7Tb/?lang=pt. Acesso em: 30 ago. 2021.
12 BERNARDELLI, Luan Vinícius; MICHELLON, Ednaldo. "O impacto da religião no crescimento econômico: uma análise empírica para o Brasil em 1991, 2000 e 2010". *Estudos Econômicos*, São Paulo, v. 48, n. 3, p. 489-523, jul./set. 2018. Disponível em: https://www.scielo.br/j/ee/a/pfkshrDbLDyJFqcGzTfT7Tb/?lang=pt. Acesso em: 30 ago. 2021.
13 SOUZA, Helena. Entrevista Helena Biscoitos. Belo Horizonte, dez. 2018 e fev. 2019. Entrevistas concedidas a Nadia Rampi e a Sônia Diegues.
14 CASTRO, Cláudio Moura. *VEJA*, São Paulo, set. 2017.
15 PINTO, Ana Estela de Sousa. "Brasil precisa valorizar seus próprios capitalistas, diz ex-reitor da USP." *Folha de S. Paulo*, São Paulo, 14 set. 2017. Caderno Mercado. Disponível em: https://www1.folha.uol.com.br/mercado/2017/09/1914636-brasil-precisa-valorizar-seus-proprios-capitalistas-diz-ex-reitor-da-usp.shtml. Acesso em: 25 fev. 2022.
16 GIANNETTI, Eduardo. *O elogio do vira-lata e outros ensaios*. São Paulo: Companhia das Letras, 2018. p. 348.
17 MOURA, R.; CAMBRICOLI, F. "Fiocruz nega pedido do STF para reservar vacinas para ministros." *O Estado de S. Paulo*, Brasília; São Paulo, 23 dez. 2020. Caderno Política. Disponível em: https://politica.estadao.com.br/blogs/fausto-macedo/fiocruz-nega-pedido-de-vacinas-do-stf-e-diz-que-nao-tem-autonomia-para-imunizar-nem-os-proprios-servidores/. Acesso em: 25 fev. 2022.
18 SCHWARTSMAN, Hélio. "O país das carteiradas." *Folha de S. Paulo*, São Paulo, 24 dez. 2020. Coluna e Blogs. Disponível em: https://www1.folha.uol.com.br/colunas/helioschwartsman/2020/12/o-pais-das-carteiradas.shtml. Acesso em: 25 fev. 2022.
19 SCHWARTSMAN, Hélio. "O país das carteiradas." *Folha de S. Paulo*, São Paulo, 24 dez. 2020. Coluna e Blogs. Disponível em: https://www1.folha.uol.com.br/colunas/helioschwartsman/2020/12/o-pais-das-carteiradas.shtml. Acesso em: 25 fev. 2022.
20 SCHWARTSMAN, Hélio. "O país das carteiradas." *Folha de S. Paulo*, São Paulo, 24 dez. 2020. Coluna e Blogs. Disponível em: https://www1.folha.uol.com.br/colunas/helioschwartsman/2020/12/o-pais-das-carteiradas.shtml. Acesso em: 25 fev. 2022.
21 SCHWARTSMAN, Hélio. "O país das carteiradas." *Folha de S. Paulo*, São Paulo, 24 dez. 2020. Coluna e Blogs. Disponível em: https://www1.folha.uol.com.br/colunas/helioschwartsman/2020/12/o-pais-das-carteiradas.shtml. Acesso em: 25 fev. 2022.

Capítulo 5

1   CHRISTAKIS, Nicholas A.; FOWLER, James H. *O poder das conexões: a importância do networking e como ele molda nossas vidas*. Rio de Janeiro: Elsevier, 2010. 303 p.

2   VIEIRA, Carolina. Contágio social: saiba como isso tem te afetado. Administradores. com, 08 dez. 2016. Disponível em: https://administradores.com.br/artigos/contagio--social-saiba-como-isso-tem-te-afetado. Acesso em: 25 fev. 2022.
3   DOLABELA, Fernando. Entrevista Empreendedorismo. Nova Lima, nov. 2017. Entrevista concedida a Cláudia Botelho, Emerson de Almeida, Nadia Rampi, Mozart Santos e Sônia Diegues.
4   "Nogales do México e Nogales dos EUA: como cidades vizinhas com o mesmo nome tiveram destinos tão diferentes." *Novo*. Disponível em: https://novo.org.br/explica/nogales-do-mexico-e-nogales-dos-eua-como-cidades-vizinhas-com-o-mesmo-nome-tiveram-destinos-tao-diferentes/. Acesso em: 19 fev. 2021.
5   PUTNAM, Robert D. *Comunidade e democracia: a experiência da Itália Moderna*. Rio de Janeiro: Fundação Getúlio Vargas, 1996. 260p.
6   Algumas empresas participantes: Celulose Nipo-Brasileira (CENIBRA), Companhia Siderúrgica Belgo Mineira, Construtora Mendes Júnior, Líder Táxi Aéreo, Metal Leve, Grupo ABC, Rhodia S/A, Banco do Estado de Minas Gerais (BEMGE), Companhia de Materiais Sulfurosos Matsulfur, Fiat do Brasil S/A e Sociedade Brasileira de Eletrificação S/A.
7   Tradução: *Ousar empreender*: campeões que estimulam o progresso de organizações e de sociedades: doze modelos exemplares. Editado pela Presses Inter Universitaires, editora da cidade de Québec, com 1ª edição em 2010. Publicado posteriormente em inglês, teve sua segunda edição em francês lançada em 2012. FILION, Louis Jacques. *Oser intraprendre: ces champios qui font progresser les organizations et les sociétes*. Québec: Presses Inter Universitaires; Montréal: Presses HEC Montréal, 2012.

Capítulo 6

1   ESTUDO sobre o empreendedorismo informal no Brasil 2018. *SEBRAE Nacional*, Brasília, DF., maio 2019. Relatório Especial. Disponível em: https://empreender360.org.br/wp-content/uploads/2020/06/Empreendedorismo-Formal-x-Informal-2018-v8.pdf. Acesso em: 25 fev. 2022.
2   ALVES, Zé (Nome Fictício). Entrevista com vendedores ambulantes. Belo Horizonte, ago. 2019. Entrevista concedida a Fagundes e a Sônia Diegues.
3   ANDRADE, Carlos Drummond de. *Alguma Poesia*. Belo Horizonte: Ed. Pindorama, 1983, p. 335.
4   A dignidade da pessoa humana. *Gazeta do Povo*, 29 de abr. 2017. Disponível em: https://tecnoblog.net/responde/referencia-site-abnt-artigos/#:~:text=sem%20autor%3A%20T%C3%8DTULO%20da%20mat%C3%A9ria,Dispon%C3%ADvel%20em%3A%20. Acesso em: 25 fev. 2022.
5   Estudo sobre o empreendedorismo informal no Brasil 2018. *SEBRAE Nacional*, Brasília, DF., maio 2019. Relatório Especial. Disponível em: https://empreender360.org.br/wp-content/uploads/2020/06/Empreendedorismo-Formal-x-Informal-2018-v8.pdf. Acesso em: 25 fev. 2022.
6   LOSCHI, Marília. "Desemprego cai em 16 estados em 2019, mas 20 têm informalidade recorde." IBGE: PNAD Contínua, fev. 2020. Disponível em: https://censos.ibge.gov.br/agencia-noticias/2012-agencia-de-noticias/noticias/26913-desemprego-cai-em-16-estados-em-2019-mas-20-tem-informalidade-recorde. Acesso em: 29 jul. 2020.
7   BOEHM, Camila. Moradores de favelas movimentam R$119,8 bilhões por ano. *Agência Brasil*, São Paulo, 27 janeiro 2020. Disponível em: https://agenciabrasil.ebc.com.br/geral/noticia/2020-01/moradores-de-favelas-movimentam-r-1198-bilhoes-por-ano. Acesso em: 2 mar. 2022.
8   Renda média real domiciliar *per capita* de 2019, apurada pela PNAD Contínua, IBGE, 2019.
9   CAMBRICOLI, F. "Apesar de descrença de Bolsonaro sobre fome, País tem 6 mil mortes por ano por desnutrição." *O Estado de S. Paulo*, 19 jul. 2019. Caderno Saúde.
10 A Itália tem uma população de 60,4 milhões de pessoas, e a França, 67 milhões.

11 HOLANDA, Sérgio Buarque de. *Raízes do Brasil*. São Paulo: Companhia das Letras, 1995. p. 220.
12 HOLANDA, Sérgio Buarque de. *Raízes do Brasil*. São Paulo: Companhia das Letras, 1995. p. 220.
13 A Campanha da Fraternidade é realizada anualmente pela Conferência Nacional dos Bispos do Brasil no período da Quaresma. A cada cinco anos é promovida de forma ecumênica, ou seja, em conjunto com outras denominações cristãs.
14 SANTOS, Romildo. Entrevista representantes movimentos. Nova Lima, fev. 2019. Entrevista concedida a Nadia Rampi e a Sonia Diegues.
15 CRUZ, MARCIA. "Dinheiro do suco sustenta minhas filhas." Estado de Minas, Belo Horizonte, Caderno Gerais, p. 16, 17 set. 2019.
16 CRUZ, MARCIA. "Dinheiro do suco sustenta minhas filhas." Estado de Minas, Belo Horizonte, Caderno Gerais, p. 16, 17 set. 2019.
17 CRUZ, MARCIA. "Dinheiro do suco sustenta minhas filhas." Estado de Minas, Belo Horizonte, Caderno Gerais, p. 16, 17 set. 2019.
18 FIFCO Oportunidades. Disponível em: https://www.fifconews.com/index.php/component/tags/tag/fifco-oportunidades. Acesso em: 17 jul. 2020.
19 "À prova de escândalo: fortuna dos irmãos Batista, da JBS, soma quase US$6 bilhões." *Bloomberg*, 15 jul. 2021. Disponível em: https://www.infomoney.com.br/mercados/a-prova-de-escandalo-fortuna-dos-irmaos-batista-da-jbs-soma-quase-us-6-bilhoes/. Acesso em: 25 fev. 2022.
20 BURCHARTH, Ana. *Registro* reunião realizada com Fernando Dolabela, 2017.
21 SEBRAE - Estudo sobre o empreendedorismo informal no Brasil 2018, disponível em: https://datasebrae.com.br/wp-content/uploads/2019/06/Empreendedorismo-Formal-x-Informal-2018-v7.pdf, consulta realizada em 31 de agosto de 2021.
22 Estudo sobre o empreendedorismo informal no Brasil 2018. *SEBRAE Nacional*, Brasília, DF., maio 2019. Relatório Especial. Disponível em: https://empreender360.org.br/wp-content/uploads/2020/06/Empreendedorismo-Formal-x-Informal-2018-v8.pdf. Acesso em: 25 fev. 2022.
23 MIURA, Daniel. Vivemos um novo normal. In: DIAS, Otávio (Org.). *Reflexões sobre os impactos da pandemia na sociedade*. São Paulo: Repense, [2020]. p. 37.
24 CARVALHO, Paola. "Globalização: uma mudança inadiável." *Estado de Minas*, Belo Horizonte, 23 mai. 2020. Fora da caixa, p. 10.

Capítulo 7

1 BRASIL, José Geraldo. Entrevista JGB Equipamentos de Segurança. Porto Alegre, nov. 2019. Entrevista concedida a Volnei Garcia.
2 BRASIL, José Geraldo. Entrevista JGB Equipamentos de Segurança. Porto Alegre, nov. 2019. Entrevista concedida a Volnei Garcia.
3 BRASIL, José Geraldo. Entrevista JGB Equipamentos de Segurança. Porto Alegre, nov. 2019. Entrevista concedida a Volnei Garcia.
4 BRASIL, José Geraldo. Entrevista JGB Equipamentos de Segurança. Porto Alegre, nov. 2019. Entrevista concedida a Volnei Garcia.
5 BRASIL, José Geraldo, Entrevista JGB Equipamentos de Segurança. Porto Alegre, nov. 2019. Entrevista concedida a Volnei Garcia.
6 WEIBERG, Mônica. "James Heckman e a importância da educação infantil." *Revista Veja*, São Paulo, edição número 2549, 27 set. 2017. Disponível em: https://veja.abril.com.br/revista-veja/james-heckman-nobel-desafios-primeira-infancia/. Acesso em: 2 mar. 2022.

Capítulo 8

1. VIECELI, Leonardo. "1,3 milhão desistem de procurar emprego desde o início da pandemia." *Folha de S. Paulo*, São Paulo, 20 mai. Caderno Mercado, p. A23.
2. VIECELI, Leonardo. "1,3 milhão desistem de procurar emprego desde o início da pandemia." *Folha de S. Paulo*, São Paulo, 20 mai. Caderno Mercado, p. A23
3. "Perfil do E-Commerce Brasileiro", *PayPal e Big Data Corp*, 05 ago. 2021. Disponível em: https://newsroom.br.paypal-corp.com/pesquisa-perfil-do-e-commerce-brasileiro-2021. Acesso em: 19 mai. 2022
4. "Brasil registrou mais de 234 milhões de acessos móveis em 2020." *Portal Gov.br*, 03 mai. 2021. Disponível em: https://www.gov.br/pt-br/noticias/transito-e-transportes/2021/05/brasil-registrou-mais-de-234-milhoes-de-acessos-moveis-em-2020. Acesso em: 19 mai. 2022.
5. GAVRAS, Douglas. "Exclusão digital deixou famílias pobres sem auxílio emergencial." Folha de S. Paulo, São Paulo, 27 mai. 2021. Disponível em: https://www1.folha.uol.com.br/mercado/2021/05/exclusao-digital-deixou-familias-pobres-sem-auxilio-emergencial.shtml. Acesso em: 25 fev. 2022.
6. SILVA, Gabriela. "Vilas e comunidades carentes de BH ganham computadores e sinal de internet." *Estado de Minas*, Belo Horizonte, 01 jun. 2021. Caderno Gerais.
7. CARVALHO, Luiz. Entrevista Açaí Compartilhe Sabor. Belo Horizonte, out. 2019. Entrevista concedida a Cândida Cunha e a Luiza Fagundes.
8. CARVALHO, Luiz. Entrevista Açaí Compartilhe Sabor. Belo Horizonte, out. 2019. Entrevista concedida a Cândida Cunha e a Luiza Fagundes.
9. CARVALHO, Luiz. Entrevista Açaí Compartilhe Sabor. Belo Horizonte, out. 2019. Entrevista concedida a Cândida Cunha e a Luiza Fagundes.
10. CARVALHO, Luiz. Entrevista Açaí Compartilhe Sabor. Belo Horizonte, out. 2019. Entrevista concedida a Cândida Cunha e a Luiza Fagundes.
11. OLIVEIRA, H. SILVA, W. ARAÚJO S. Entrevista Colégio Arena. Goiânia, ago. 2020. Entrevista concedida a Luis Rosas.
12. SALUME, Rogério. Entrevista Wine. Plataforma digital zoom, set. 2020. Entrevista concedida a Luiza Fagundes e a Sônia Diegues.
13. SALUME, Rogério. Entrevista Wine. Plataforma digital zoom, set. 2020. Entrevista concedida a Luiza Fagundes e a Sônia Diegues.
14. BARELLI, Suzana. Wine compra Cantu, importadora de vinhos, por R$180 milhões. *Estadão*, São Paulo, 16 mai. 2021. Caderno Economia. Disponível em: https://economia.estadao.com.br/noticias/geral,wine-compra-cantu-importadora-de-vinhos-por-r-180-milhoes,70003716867. Acesso em: 27 fev. 2022.
15. ALBUQUERQUE, Pedro Henrique Melo et al. *Na era das máquinas, o emprego é de quem? Estimação da probabilidade de automação de ocupações no Brasil*. Brasília, DF: IPEA, 2019. 40 p. (Texto para discussão, n. 2457). Disponível em: https://www.ipea.gov.br/portal/index.php?option=com_content&view=article&id=34650&Itemid=444. Acesso em: 27 fev. 2022.
16. Contribuição do Professor Carlos Arruda, especialista em inovação da Fundação Dom Cabral, mai. 2021.

Capítulo 9

1. BAKER, Kevin. "The first slum in America." *The New York Times*, Nova York, 30 set. 2001. Disponível em: https://www.nytimes.com/2001/09/30/books/the-first-slum-in-america.html. Acesso em: 31 ago. 2021.
2. Live do Movimento Pra>Frente. Texto editado.
3. Em 2015, Elie Horn se tornou o primeiro brasileiro a aderir ao Giving Plegde — iniciativa do casal Bill e Melinda Gates e do megainvestidor Warren Buffett. Horn e sua esposa, Susy, seguem como os únicos brasileiros na lista, com a promessa de doarem 60% de sua fortuna.

Notas

4 "Decoladores" são voluntários que ajudam o negócio dos empreendedores a decolar. Eles disponibilizam tempo, metodologia e treinamento via FDC, além de acompanhar o desenvolvimento de seus empreendedores adotados.

5 Relatos de Maria Lima Schever, Norma Rangel e Elie Horn retirados da Live do Movimento Pra>Frente. Texto editado.

6 ATHAYDE, C.; ZEZÉ, P.; LYRA, E. "Quando a favela fala, é melhor ouvir." *Folha de S.Paulo*, São Paulo, 21 mar. 2021, Opinião, p. A3.

7 BOEHM, Camila. Moradores de favelas movimentam R$119,8 bilhões por ano. *Agência Brasil*, São Paulo, 27 janeiro 2020. Disponível em: https://agenciabrasil.ebc.com.br/geral/noticia/2020-01/moradores-de-favelas-movimentam-r-1198-bilhoes-por-ano. Acesso em: 2 mar. de 2022.

8 MANZONI JUNIOR, Ralphe. A luta de Celso Athayde para encontrar o primeiro unicórnio das favelas. *Neofeed*, 8 dezembro 2021. Disponível em https://neofeed.com.br/blog/home/a-luta-de-celso-athayde-para-encontrar-o-primeiro-unicornio-das-favelas/. Acesso em: 10 mar.2022.

9 BOEHM, Camila. Moradores de favelas movimentam R$119,8 bilhões por ano. *Agência Brasil*, São Paulo, 27 janeiro 2020. Disponível em: https://agenciabrasil.ebc.com.br/geral/noticia/2020-01/moradores-de-favelas-movimentam-r-1198-bilhoes-por-ano. Acesso em: 02 mar. 2022.

10 BOEHM, Camila. Moradores de favelas movimentam R$119,8 bilhões por ano. *Agência Brasil*, São Paulo, 27 janeiro 2020. Disponível em: https://agenciabrasil.ebc.com.br/geral/noticia/2020-01/moradores-de-favelas-movimentam-r-1198-bilhoes-por-ano. Acesso em: 02 mar. 2022.

11 Extrato do Capítulo 4: cultura é uma maneira de as pessoas trabalharem juntas "em direção a objetivos comuns que foram seguidos com tanta frequência e com tanto sucesso que as pessoas nem pensam em fazer as coisas de outra maneira. Se uma cultura se formar, as pessoas farão autonomamente o que precisam para ter sucesso".

12 O G10 das Favelas é um bloco de Líderes e Empreendedores de Impacto Social das Favelas que uniu forças em prol do desenvolvimento econômico e do protagonismo das Comunidades, visando ao desenvolvimento econômico e social dessas áreas urbanas. Fonte: http://www.g10favelas.org.

13 COTIAS, Adriana. Fintech novata quer ser banco das favelas. *Valor Econômico*, São Paulo, 22 fev. 2021. Disponível em: https://valor.globo.com/financas/noticia/2021/02/22/fintech-novata-quer-ser-banco-das-favelas.ghtml. Acesso em: 28 fev. 2022

14 CASSEF, Gabriela. Banco criado em Paraisópolis oferece crédito em dez favelas brasileiras. Folha de S. Paulo, São Paulo, 4 mar. 2021. Disponível em: https://exame.com/pme/fintech-mira-periferias-para-ser-o-bndes-para-as-favelas/ e https://www1.folha.uol.com.br/empreendedorsocial/2021/03/banco-criado-em-paraisopolis-oferece-credito-em-dez-favelas-brasileiras.shtml. Acesso em 28 fev. 2022

15 Trecho da palestra de João de Souza no TED Blumenau, em 2019. Disponível em: https://www.youtube.com/watch?v=vLrafDDrJpQ. Acesso em: 28. Fev. 2022.

16 Favela é Isso Aí é uma associação que surgiu como fruto do Guia Cultural de Vilas e Favelas, idealizado pela antropóloga Clarice Libânio

17 Trechos da carta também foram publicados no jornal *Estado de Minas*. 14 de julho de 2020.

18 CANZIAN, Fernando. "Maioria apoia elevar impostos para reduzir a desigualdade." *Folha de S. Paulo*, São Paulo, 30 mai. 2021. Caderno Mercado, p.A18.

19 FELDMANN, Paulo. "Quem vai pagar a conta." *Folha de S. Paulo*, São Paulo, 4 nov. 2020. Opinião.

20 GRAJEW, Oded. "Carta à elite econômica." *Folha de S. Paulo*, São Paulo, 20 abr. 2021. Opinião, p. A3.

21 PINTO, Ana Estela De Sousa. "Taxar herança é 'imposto certo no momento certo', diz OCDE." *Folha de S. Paulo*, Bruxelas, 12 mai. 2021. Caderno Mercado, p. A21.

22 Josué de Castro, médico, especializado em nutrição, deixou vasta obra sobre a fome, traduzida em diversos países. Escreveu ele: "Não foi na Sorbonne... que travei conhe-

153

cimento com o fenômeno da fome. O fenômeno se revelou espontaneamente a meus olhos nos mangues do Capibaribe, nos bairros miseráveis da cidade do Recife... a lama dos mangues fervilhando caranguejos e povoada de seres humanos feitos de carne de caranguejo, pensando e sentindo como caranguejo. Criei-me nos mangues lamacentos do Capibaribe, cujas águas fluindo diante dos meus olhos ávidos de criança, pareciam estar sempre a me contar uma longa história." CASTRO, J. *Geografia da Fome*. Rio de Janeiro: O Cruzeiro, 1946.

23 PAIVA, Paulo. Entrevista concedida ao autor do livro por meio do zoom, mai. 2020.

Capítulo 10

1   DIÁRIO DO NORDESTE. Imigração no estado teve fluxos intensos no século XX. 23 de dezembro de 2006. Disponível em: https://diariodonordeste.verdesmares.com.br/metro/imigracao-no-estado-teve-fluxos-intensos-no-seculo-xx-1.332902. Acesso em: 13 jul. 2020.

2   SILVA, Maria Silviane. Entrevista Sílvia Ótica. Fortaleza, out. 2019. Entrevista concedida a Valdemar Barros.

3   SILVA, Maria Silviane. Entrevista Sílvia Ótica. Fortaleza, out. 2019. Entrevista concedida a Valdemar Barros.

4   SILVA, Maria Silviane. Entrevista Sílvia Ótica. Fortaleza, out. 2019. Entrevista concedida a Valdemar Barros.

5   SILVA, Maria Silviane. Entrevista Sílvia Ótica. Fortaleza, out. 2019. Entrevista concedida a Valdemar Barros.

6   O Crediamigo é um programa de microcrédito produtivo e orientado, voltado para empreendedores individuais, ou reunidos em grupos solidários, que atuam no setor informal ou formal da economia. O crédito é oferecido pelo Banco do Nordeste.

7   SILVA, Maria Silviane. Entrevista Sílvia Ótica. Fortaleza, out. 2019. Entrevista concedida a Valdemar Barros.

8   SILVA, Maria Silviane. Entrevista Sílvia Ótica. Fortaleza, out. 2019. Entrevista concedida a Valdemar Barros.

9   SILVA, Maria Silviane. Entrevista Sílvia Ótica. Fortaleza, out. 2019. Entrevista concedida a Valdemar Barros.

10 PINHEIRO, Honório. Entrevista Supermercado Pinheiro, Fortaleza, out. 2019. Entrevista concedida a Valdemar Barros.

11 Baseado em entrevista e em extratos do livro *Sonhando com Pipas*. SOUSA, Adelson. Entrevista IT Midia. Nova Lima, set. 2018. Entrevista concedida a Cláudia Botelho, Emerson de Almeida, Nadia Rampi, Mozart Santos e Sônia Diegues. SOUSA, Adelson de; PALADINO, Silvia Noara. *Sonhando com pipas*. São Paulo: M.Books, 2018. p. 256.

12 Baseado em entrevista e em extratos do livro *Sonhando com Pipas*. SOUSA, Adelson. Entrevista IT Midia. Nova Lima, set. 2018. Entrevista concedida a Cláudia Botelho, Emerson de Almeida, Nadia Rampi, Mozart Santos e Sônia Diegues. SOUSA, Adelson de; PALADINO, Silvia Noara. *Sonhando com pipas*. São Paulo: M.Books, 2018. p. 256.

13 Baseado em entrevista e em extratos do livro *Sonhando com Pipas*. SOUSA, Adelson. Entrevista IT Midia. Nova Lima, set. 2018. Entrevista concedida a Cláudia Botelho, Emerson de Almeida, Nadia Rampi, Mozart Santos e Sônia Diegues. SOUSA, Adelson de; PALADINO, Silvia Noara. *Sonhando com pipas*. São Paulo: M.Books, 2018. p. 256.

14 SOUSA, Adelson de; PALADINO, Silvia Noara. *Sonhando com pipas*. São Paulo: M.Books, 2018. p. 256.

15 SOUSA, Adelson de; PALADINO, Silvia Noara. *Sonhando com pipas*. São Paulo: M.Books, 2018. p. 256.

16 BRITISH JOURNAL OF PSYCHIATRY, junho de 2014. O estudo, feito pela Oxford University e pela London School of Hygiene & Tropical Medicine, analisou dados de 24 países europeus, dos Estados Unidos e do Canadá.

17 NAUDE, Piet, diretor da University of Stellenbosch — USB, em apresentação intitulada "*Do business schools entrench inequalities?*", em Nova Lima, em 6 de agosto de 2019.

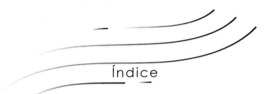

Índice

A
Açaí Compartilhe Sabor, 57, 105
Ações empreendedoras, 23
Ambiente familiar, 13
Apoio de terceiros, 21
Aprendizado comercial, 8
Assumir riscos, 22
Atitude repressiva, 2
Ativismo estudantil, 23
Atração de talentos, 21
Autonomia social, 141
Autoritarismo estatal, 61
Autorrealização, 23

C
Caos social, 117
Capacidade, 21
   de construir relacionamentos, 21
   de interpretar o ambiente, 21
   de superação, 141
   empreendedora, xv
   executiva, 134
   organizacional, 41
Capitalismo, 123
   problemas crônicos do, 123
Cativar os clientes, 11
Catolicismo, 51
Central Única das Favelas (CUFA), 116
Cláudia Botelho, 23
Colégio Arena, 108
Companheirismo familiar, 15
Complexidade fiscal, 82
Complexo de vira-lata, 50
Comportamento empreendedor, 49
Comunidade cívica, 62
Comunismo, 28
Concentração de renda, 15
Concorrência, 11
Confiança nas pessoas, 21
Consistência técnica, 41
Constância, 20
Contágio social, 60
Convencionalismo, 78

Cooperação, 21
Corporativismo, 54
Crenças, 98
Criatividade, 27, 39
Crise
   financeira de 2008, 138
   no mercado formal de trabalho, 12
Cuidar das pessoas, 30
Cultura, xv, 48
Customizar o trabalho, 108

D

Dedicação ao trabalho, 31
Democratização do dialeto empresarial, 119
Desejo pessoal, 11
Desenvolvimento social, 83
Desigualdade social, 18, 76, 98, 117, 131, 138
Diferencial competitivo, 110
Digitalização, 110
Dignidade, 75, 141
Disciplina, 20
Diversificação, 15

E

Economia circular, 121
Educação, 53
   empreendedora, 34, 121
Empenho, 11

Empreendedores
   informais, 74
   populares, 116
Empreendedorismo
   de base popular, 118
   informal, 83
   para a base social, 136
Equilíbrio emocional, 25
Escola de Negócios da Favela, 118
Espírito empreendedor, 5, 36, 109
   criatividade, 5
   inovação, 5
   perseverança, 5
Estruturas sociais de cooperação, 62
Evangelismo, 51
Evolução cultural, 120
Exclusão digital, 102
Experiências individuais, 5, 142

F

Fa.Vela, 121
Fenômeno da demanda, 43
Fernando Dolabela, 60, 83
Flexibilidade, 23
Fundação Dom Cabral (FDC), 45, 139

G

G10 Bank, 121
Golpe Militar de 1964, 24

Grupo Líder, 16

H
Helena Biscoitos, 9

I
Inclusão social, 112
Inconformismo irrefreável, 132
Indiferença, 114
Índole empreendedora, 5, 142
Informalidade, 83
Inovação, 86
Insegurança alimentar, 76
Interação comunitária, 87
IT Mídia, 127

J
James Heckman, 98
Jeitinho brasileiro, 79
JGB Equipamentos de Segurança, 56
Justiça social, 74

L
Liberdade individual, 124

M
Mercado cultural, 122
Movimento Brasil Digital, 127, 135
Movimento Cores em Cristo, 80

O
Obediência a métodos, 20
ONG Favela é Isso Aí, 122

P
Pandemia da Covid-19, 111, 117
Patrimonialismo, 78
Peter Drucker, 10, 49
Pobreza, 15, 76, 123, 135
    extrema, 16
Poder de comunicação, 93
Precariedade institucional, 141
Preconceito, 119
Protestantismo, 52
Psicologia positiva, 52

R
Raiz cultural, 60
Redes de relacionamento, 31
Redes sociais, xv, 60
Refrigás, 56
Relações interpessoais, 25
Resiliência, 8
Responsabilidade coletiva, 124
Robert Putnam, 62

S
Sensibilizar a sociedade, 117
Sentimento de pertencimento, 87
Sérgio Buarque de Holanda, 77

Silvia Ótica, 57, 129
Soluções alternativas, 25
Supermercado Pinheiro, 12

T
Transformação digital, 121
Trato do dinheiro, 11

V
Valores de vida, 98, 126
Valorização do outro, 21
Visão
   de cliente, 11
   de mercado, 11
   estratégica, 15
Vulnerabilidade social, 3, 52

W
Wine, 21, 109

Z
Zona de conforto, 108

Projetos corporativos e edições personalizadas
dentro da sua estratégia de negócio. Já pensou nisso?

Coordenação de Eventos
Viviane Paiva
viviane@altabooks.com.br

Contato Comercial
vendas.corporativas@altabooks.com.br

A Alta Books tem criado experiências incríveis no meio corporativo. Com a crescente implementação da educação corporativa nas empresas, o livro entra como uma importante fonte de conhecimento. Com atendimento personalizado, conseguimos identificar as principais necessidades, e criar uma seleção de livros que podem ser utilizados de diversas maneiras, como por exemplo, para fortalecer relacionamento com suas equipes/ seus clientes. Você já utilizou o livro para alguma ação estratégica na sua empresa?

Entre em contato com nosso time para entender melhor as possibilidades de personalização e incentivo ao desenvolvimento pessoal e profissional.

PUBLIQUE SEU LIVRO

Publique seu livro com a Alta Books. Para mais informações envie um e-mail para: autoria@altabooks.com.br

 /altabooks   /alta-books   /altabooks   /altabooks

CONHEÇA OUTROS LIVROS DA **ALTA BOOKS**

Todas as imagens são meramente ilustrativas.

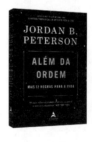 

Este livro foi impresso nas oficinas gráficas da Editora Vozes Ltda.,
Rua Frei Luís, 100 – Petrópolis, RJ.